日本経済に追い風が吹いている

北尾吉孝

産經新聞出版

はじめに

本書の校了を迎えた時点で、欧州問題最大の懸念となってきたギリシャ議会で連立政権樹立が困難な情勢となり、ギリシャでは6月17日に再選挙が行なわれることとなりました。長らく世界経済に暗雲をもたらし続けているこの根深い問題については、第2章「世界の論点」に私の見解を詳細に示しました。

本書は、私が月刊誌『ネットマネー』に連載を続けている評論（2010年10月～直近の2012年6月現在も執筆中）を中心に「日本の論点」「世界の論点」「2012年の論点」といった具合に編集し、一書の体裁に整えたものです。

これらの評論は、日本や世界で起こる経済的諸問題についての折々の私の感懐を記したもので、そのときにはふさわしいものであっても、今になってみれば多少そぐわないというものもあるかもしれません。そうした面を若干修正した部分もありますが、基本は当初のままにしました。

その理由は、折々の経済的事象を経済学者でもない単なる一介の企業経営者の端くれである私がどう感じ、分析し、その後の世界を洞察したかを記すことが本書の読者にとっても有益ではないかと考えたからです。そもそも経済は生き物であり、複雑系ですから、経済学者の説も十人十色であると言っても過言ではないわけです。

また、経済学の諸説も一つの経済モデルでは正しかったとしても、複雑系の中でその学説通りの結果が出るかどうかは確かではないでしょう。ですから、私は折々の経済的事象に直面し評論するときに、精緻な論理を追求するのではなく、私の直観をより重視しました。

本書の評論はもとより私の独断と偏見で書いたものですが、そこには私の経営者としての一本の筋を通しているつもりでいます。その筋とは、中国古典から身につけた倫理的価値観や、権利と義務を踏まえ個人の自由を最大限に尊重すべきという自由主義の思想を背景としたものです。

また、私の独断と偏見といっても、私がさまざまな書物や新聞、雑誌、そして国の内外の多くの知人達から学んだことを材料にし、日本や世界を眺め、分析洞察し、さらには日本はこうあってほしいという私の願望からの評論ですので、取り立てて私の独創として誇るようなものは何一つありません。

さて、そうしたことを申し上げたうえで、読者の皆様それぞれが時々刻々変化する世界や日本の経済を身近なものとして捉え、さまざまな経済事象について自分自身の物の見方、考え方を涵養《かんよう》していかれるうえでご参考になればとあえて浅学菲才《せんがくひさい》を顧みず本書を上梓したわけです。

マルクスは彼の著作『経済学批判』の序で、下部構造である経済こそが法律的・政治的上部構造を一方的に規定し、歴史を進歩させる基本的な動力であると述べています。私はマルキストではないですが、この見方は正しいと思っています。経済というものは、それほど重要なものです。

私のような金融の世界に従事する者は、とりわけ折々の経済事象をどう見、どう動くかが、大げさに言えば会社の盛衰を左右しかねないということを一番肌で感じると思います。すべての社会人が私のように痛切に感じなくても、世界や日本の経済の中に巻き込まれ、陰に陽に影響を受けているのですから、読者の皆様もますますの関心を経済に向けていただきたいと思います。

最後に、私は修養いまだ足らず、自分の主義・主張を明確にするほうなので、読者の皆様には不快の念を抱かれる面もあるかもしれませんが、ご宥恕《ゆうじょ》をお願いいたします。

北尾吉孝

目次

日本経済に追い風が吹いている

序章
日本経済復権のチャンスは目の前にある

論点2
「経済成長より増税」という愚を犯すな

論点3
東京電力は解体すべきである

論点4
米国の一極集中時代が終わり「日本力」が試されている

論点5
成長戦略なくして日本の未来はない

第2章　世界の論点

世界の危機の中にある日本の針路

日本人よ、グローバリズムを直視せよ

論点9
「格差」は世界を覆い尽くす大問題

第3章　2012年の論点

日本の「変化」に目を凝らしている世界の投資家

日本経済には追い風が吹いている

論点10

2012年、日本株は上昇する

論点11 日本市場は改革を迫られている

論点12 世界の中で生きる日本がなすべきこと

装幀／岡　孝治
本文デザイン／田中明子
写真／矢木隆一

序章

日本経済復権のチャンスは目の前にある

経済浮揚、デフレ脱却のチャンスが訪れている

現在の経済環境は、日本においては震災復興という大義の下で20兆円程度とも見られる多額の公的資金が「真水」として出ていきますから、復興需要が起爆剤となってようやく経済浮揚がもたらされ、日銀の金融緩和政策と併せ、デフレ脱却を実現しうるようなタイミングといえるでしょう。

世界を見ると、欧州の需要が減退する中で、新興諸国においても中国を中心にあまり輸出が伸びていかないような状況が続いています。

米国においても、どちらかといえばポジティブな指標が雇用や生産・消費に関して一部発表されてはいますが、住宅などをめぐる状況はいまだそれほどポジティブなものにはなっていません。

日本の国会では消費税増税論議が続き、経済浮揚については置き去りにされているようです。

「消費税率を2014年4月に8%、2015年10月に10%に引き上げる」のであれば、引き上げ前にある意味での駆け込み需要も出てきますから、かえっていいの

ではないかという説を唱える人も中にはいます。

しかし、私に言わせれば、現在の世界経済情勢を手術にたとえると、集中治療室からは出たがいまだ入院中でよちよち歩きの状況といったものであり、そうした中では財政健全化を図るべく消費税増税の実現に向けて動く時ではないのです。

世界全体の景気や為替動向、そしてまた復興需要が日本経済の実需にいかなる影響を及ぼし、需給ギャップの解消につながるか否かについて、もう少し時間をかけ、よく検証したうえで消費税増税に対する判断を下すべきではないかと思うのです。

〝Timing is everything（タイミングがすべて）〟といわれますが、今というタイミングにおいて消費税増税法案の国会通過を図るのは至難を極めると私は見ていますし、結局通過できないとなれば世界に対しても悪いメッセージとなるわけですから、やはりタイミングは選ばねばならないということです。

現在は経済浮揚のための戦略を推し進めていくべきタイミングであり、経済が成長していけば税収の自然増につながるわけですから、今後の復興需要をいかに経済成長に生かしていくかを考えるべき時なのです。日本経済復権のチャンスは目の前にあるのです。

これが日本復活の4つのナショナル・ビジョン

より長期的な観点で言うなら、「日本という国をこれからどうしていくのか」という百年の計を政府が率先して提示すべきです。そのための方策としては、次の4つが挙げられるでしょう。

まず、日本という国の経営資源の中で一番潤沢にあるのは、お金です。お金をいかに有効的に活用するかということが重要になってきます。

本来なら日本の外貨準備高の半分くらいでSWF（ソブリン・ウェルス・ファンド＝国富ファンド）を組成し、海外への戦略的な投資をどんどん増やしていくべき時期に来ています。他国の成長にあやかっていくことを真剣に考えるべきなのです。

日本の豊富な資源ともいえるお金を使って、貿易収支は赤字化していくものの、外国から得た利子、配当など所得収支の増加でそれをカバーするという仕組みを今からしっかりつくっていくことが大切です。

SWFは中国も韓国もつくっているわけですから、日本につくれないはずはありません。SWFを立ち上げると、世界中の人々が「この会社に投資してくれ、このプロジェクトにお金を入れてくれ」と日本にやってきます。

私は何度かアラブ首長国連邦のアブダビを訪れたことがありますが、巨額のSWFを運用するアブダビ投資庁には、投資案件を持ち込む人々が大挙して訪れていました。

世界中から日本のお金を求めて人々がやってくるだけでも、滞在費や観光などでお金を使ってくれます。SWFを活用して、他国に投資することは日本に大きな果実をもたらすはずです。

2つ目は、新しい産業を官民挙げて育てることです。

1980年代、日本隆盛の陰で低迷した米国は、IT産業やバイオ、ナノテクノロジーといった新産業の勃興に力を注ぎました。

日本でも新たな需要を喚起するために、新しい産業や企業が次々に興っていかないと、現在GDP（国内総生産）比で3％程度ある需給ギャップは埋まりません。成長や発展というエネルギーがなければ、日本の復権などありえないのです。

3つ目は、日本は今後どんどん開国していかなくてはならないということです。

移民が入ってくると秩序が乱れるといった島国根性的なものを、いまだに捨て切れないのが日本です。しかし、それではグローバリズムの中では生きていけません。

今の時代に「鎖国」という選択肢はないのです。グローバリズムで生きていこうとするなら、自らも世界的なグローバル化の流れの中にきちっと身を置くことが大事です。

人だけでなく、海外からの日本に対する直接投資の額が非常に少ないのも問題でしょう。また、TPP（環太平洋経済連携協定）への参加をぜひとも実現して、日本の製造業の地盤沈下を防ぐのが当然の戦略といえます。

グローバリズムに不可欠なナショナル・アイデンティティ

最後に挙げたいのは構造改革です。農業や教育分野などの既得権益層、旧態依然とした過去の遺物を解体していく必要があります。

中でも、教育分野の荒廃は著しいものがあります。ゆとり教育もその一つですが、日本の戦後教育は日本人の精神性を破壊したと言っても過言ではありません。

日本人は今こそ、ナショナル・アイデンティティを明確に持たないといけない時代だと思います。政府が国家としてのビジョンを百年の計としてしっかり掲げて、若い世代を教育していくことも重要でしょう。

日本には急速なグローバル化の波が押し寄せていますが、だからといって、日本人としての特性を捨て去り、中途半端な人間になればいいということではありません。

それぞれの民族がその民族的な特性を生かして、この地球を運営していきましょう、というのがグローバリズムです。グローバルな時代だからこそ、日本人としてのナショナル・アイデンティティをもう一度見直し、新たにつくり上げる必要性があるのだと思います。

もちろん、ナショナリズムといっても、偏狭で自分自身の利益ばかり考えていたら、世界のどこの国も相手にしてくれません。

世界最先端の技術を持っていた日本の携帯電話がグローバル・スタンダードになれなかったのも、海外の人々とWin-Winの関係を築くことができなかったことに原因があります。ガラパゴスになってしまってはダメなのです。

どうやって世界の注目を集め、交渉相手を自分の領域に引き込んでこられるかという、英語の能力やプレゼンテーション力を養う教育も必要になってくるでしょう。

ＴＰＰに関しても、政府のこれまでの方針は「まずは情報収集に努める」というものでした。しかし、本来ならＴＰＰ参加を真っ先に表明し、その枠組みを決める会議に参加してこそ、まっとうな情報収集ができるはずです。

若者の危機意識が薄らいでいるのも心配です。

就職難で就職浪人が増えているという話を聞きますが、就職浪人をするぐらいなら、まず社会に出て、どんな仕事でもいいから職に就くべきではないかと私は思います。

今、日本の社会は衰退し、混迷を極めているといえます。

結局、一人ひとりの日本人が自ら変わり、社会の一隅を照らし、周囲を感化して、この国を変革していく。そうした地道な〝自己維新〟の努力を続けていく以外、この国を変革することはできないでしょう。

日本人一人ひとりが自らに誇りを持ち、自分は日本という輝かしい歴史と伝統を持った国の代表選手なんだというナショナル・アイデンティティを意識しながら、グローバルな世界と真摯《しんし》に向き合っていく——これこそ、今後の日本が世界の中で生き残っていく唯一の道と言っても過言ではないでしょう。

第1章 日本の論点

今が日本のターニングポイント

変わって復活するか、変われず衰退するか

論点1

脱デフレ、円高の完全是正が最優先課題

デフレの中で、もがき苦しむ日本経済

日本経済の情勢は、リーマン・ショック、ギリシャ・ショックとたびたびの危機を経て回復する間もなく、2011年には未曾有の大震災とそれに続く原発事故、空前の円高進行にタイの大洪水など三重苦、四重苦が押し寄せて、実に厳しい状況に陥っています。

企業業績は回復してきたけれども雇用は一向に拡大せず、また物価が下落していく中で消費も増加してこない、大幅な需給ギャップによる完全なデフレ状態です（27

図 1 日本経済のGDP（需給）ギャップの推移

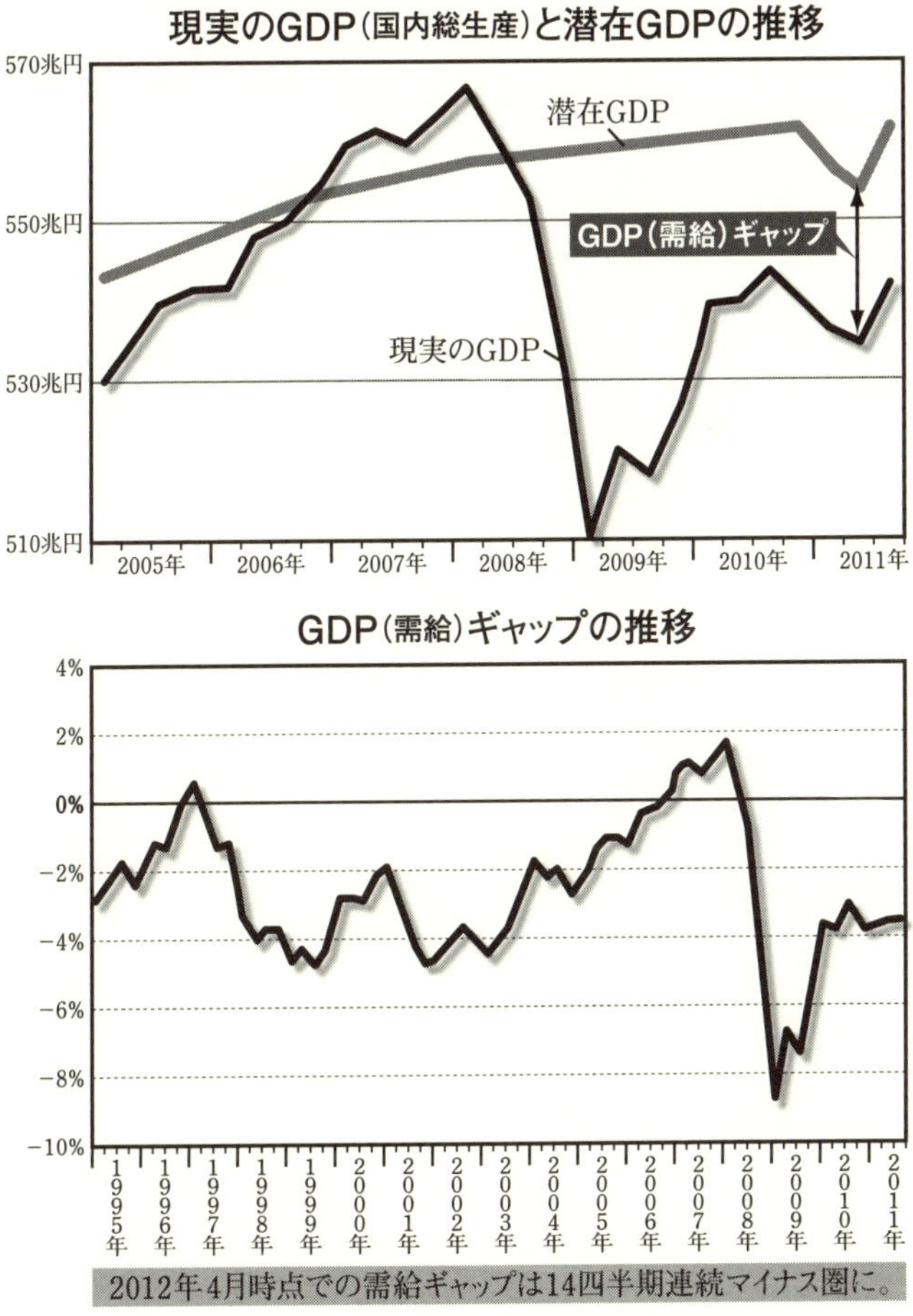

2012年4月時点での需給ギャップは14四半期連続マイナス圏に。

（出所：内閣府、2012年2月時点）

ページの**図1**参照）。

日本ではこのデフレから脱却できない状況がバブル崩壊以降、かなりの間続いています。日本の状況は成熟した先進国の中でも非常に特異な現象だといえます。

このような危機的状況においては、事態をいかに明るく前向きに考えるかというより、むしろ厳しい認識を持って背水の陣でどうしていくかを考えることが重要であると私は捉えています。

したがって厳しい話が多くなってしまうかもしれませんが、私なりの日本経済の論点をお伝えしていきたいと思います。

日本経済が直面する「最後の空洞化」

２０１０年秋以降、為替相場では日本円が史上最高値を更新するような急速な円高が進みました。２０１１年10月末には、戦後の最高値である1ドル＝75円32銭まで円高が進行しました。

これまでは輸出こそ日本経済のデフレ脱却への唯一の処方箋とされてきたのです

が、円高が進む中、輸出関連企業は破壊的な打撃を受けるような状況になっていました。

そういった情勢を見ると、日本経済はいよいよ「最後の空洞化」に向けた動きになってきたのではないかと私は感じています。

「最後の空洞化」とは、日本の主要製造業のほとんどすべてが海外に移転し、日本には存在しなくなっていくという状況を意味します。もちろん、歴史を見れば、これまでにも多くの企業が日本を出ていくということはありました。

たとえば、1971年の「スミソニアン体制」への移行時（固定相場制下において1ドル＝360円から1ドル＝308円への大幅な切り上げ）には、日本企業が壊滅するかのごとくいわれ、多くの日本企業が海外に製造拠点や販売拠点を設けるというようなことがありました。

しかし、現在の状況はこれまでとは違っています。たとえば自動車や家電、素材といった業界では大手メーカーを取り巻く数多くの中小下請け企業群というものが日本にはいまだ存在していますが、それらももはや生き残ることができない状況に向かっています。

空前の円高がもたらした悪影響

なぜそのようなことが起こっているのかについて、まずは簡単な経済原理を述べますと、たとえば中国では人件費が安いうえに為替についても実質的に統制されていますが、一方の日本はどんどん円高になっていました。

いわば為替が輸出競争力を回復させるためにまったく機能しないというような状況になっていたのです。これでは、日本企業は現地生産に切り替えていかざるをえないということになります。

ところが問題は、その現地生産についても、中国であればそこにはすでに同業の大企業が存在し、高い競争力を持つに至っているということ。そして、今度はそうした企業が日本に製品を輸出するというような、いわゆる「ブーメラン効果」が働くということです。

昨今のような環境下においては、日本の製造業はますます窮地に追い込まれていくと思われます。

さらに言えば、かつては金利というものが為替や景気の調整弁としての働きをしていましたが、現在は実質的にゼロ金利の状況ですので、金利政策というものをまったくとることができず、日本銀行（以下、日銀）がこれから行なえるのはいわゆる量的緩和以外にないということがあります。

また、一昔前には複数国の政府が足並みをそろえて為替を適正な水準へと調節するために協調介入というものがなされてきましたが、現在は緊急時を除いて行なわれていません。

日本政府は２０１１年8月と10月に単独の為替介入に踏み切りましたが、米国は二番底に陥るかもしれないということを懸念しており、ユーロ圏はユーロ安のおかげでドイツを中心に輸出を伸ばしているというような状況です。

このような状況では誰も日本の円高傾向など気にかけませんので、日本は各国政府との協調介入について協議することすらできないというのが実情です。

したがって、多少ドルを買い支えて円を売ってみたところで、「なんだ、その程度か」と投機家は判断し、１９９７年からのアジア通貨危機のときのように余計にアグレッシブに円を買ってくる可能性があります。

政府の為替介入はあまりにも稚拙

日本の為替介入はまったく効果を上げていません。

政府・日銀は2011年3月の震災直後のG7（主要7カ国）による協調介入に始まり、8月には約4兆円、10～11月には約9兆円の単独介入を行ないました。

しかし、その後の為替レートの推移を見る限り、為替介入は失敗に終わり、巨額の介入資金は水泡に帰したと言っても過言ではないでしょう。

私は「政府が為替介入をするかしないかについて公言する必要はない」と考えています。為替介入はできるだけ少額で効果が最も大きくなるタイミング、つまり千載一遇の好機において〝黙って〟実施すべきものなのです。

たとえば、同じく自国通貨高に悩んできたスイスがフラン高阻止のために為替介入に踏み切った2011年9月などがその好機だったと捉えています。このときこそ日本が為替介入を行なうべき絶好のタイミングであり、仮に巨額の円売り・ドル買い介入を実施していれば、3～4円程度の幅で動く確率は非常に高かったのではないかというように考えています。しかし、日本政府はそのタイミングを逃しました。

歴代の財務大臣を見ても、「投機的な動きに対しては、これからも注視していく」とか、「あらゆる手段を排除せず、必要とあれば断固たる措置をとる」というような発言をするだけで、適切なタイミングで決断力や実行力といったものが発揮されることはありませんでした。

要は、為替介入のタイミングを決断する人間がリスクを取って金を張るという実務的な経験をまったくしていないような人間ばかりであるがゆえに、結局、きわめてお粗末なものとなってしまうのです。

財務省、日銀を含めて学者や政治家では、このような難局を打開していくことはできないと私は思います。相場の世界に生き、肌感覚で直観力を養ってきた人間が、政治の世界にアドバイスをし、実質的にそういうものを臨機応変に動かしていくことが必要なのでしょう。

そうした意味では、財務省や日銀などに属する政策当局者というのは為替介入の仕方というものを何もわかっていないド素人であると言わざるをえず、その彼らが今後もこれまでのように機を逸した対応を続ける限り、グローバルな経済諸条件に変化がなければ円高傾向に歯止めがかかるということはないわけです。

やはり、上述したような実務家が介入の判断を行なうことができる体制を早急に敷くべきではないかと私は思っています。

今、増税を語る愚かさについて

ところで現在の危機的状況において、消費税増税というようなことは一国の総理が決して言うべきことではないと私は思います。

なぜなら税負担を増やすということは、基本的に国民の購買力を減じる方向でしかありませんので、実質GDP比で3～4％もの需給ギャップが存在している以上、消費税増税により財政健全化を図るというようなことを考えるステージでは今はないのです。

それにしても、政府首脳の実体経済に対する見識のなさにはあきれるものがあります。やはり財務省、日銀を含めて、政治家や官僚だけではこのような難局を打開していくことはできないというように思います。

米国を見ますと、歴代財務長官については金融界から非常に多くの人材が輩出していますし、FRB（連邦準備制度理事会）のバーナンキ議長は、まさにあの大恐慌をテーマにし、いかにそれを防ぐかということの研究に尽力してきた経済学者です。

デフレが産業空洞化の元凶になっている

円高がもたらす日本経済の「最後の空洞化」の元凶になっているのが「デフレ」です。日本経済の最大の論点は「いかにデフレから脱却するか」であると私は考えています。多くの識者や政策当局者が「デフレからの脱却」を訴えてはいますが、現在に至るまで一向に脱却できていません。

そもそもデフレという現象がどのようなものなのか、そしていったい何によって生まれてくるものなのか、ということからご説明したいと思います。

デフレという現象は「消費者物価などの一般物価が持続的に下落を続ける現象」のことで、「物価が下がることは大いに結構」と思われるかもしれませんが、デフレの怖さは物価とともに「所得が下がっていく」、つまり一般の個々人の年収が下がっていくことでもあるのです。

また商品やサービスの価格が低下すると、通常は企業収益が圧迫され、これを通じて企業の設備投資やその他の支出が削減されて、マクロ経済にマイナスの影響を与えます。

では、このようなデフレはいったい何によって生まれてくるのでしょうか。それは「需給ギャップ」と称される「需要と供給の差」から発生します。つまり、需要が供給に満たない状況が続いているとデフレに陥るということです。

日本は戦後、先進主要国の中で初めてデフレを経験し、これが継続し、いまだ脱却できていない状況にあります。内閣府の発表によると2011年10～12月期の需給ギャップはマイナス3・4％（名目ベースの年換算で約15兆円の需要不足）であり、日本はマイナス数％の需給ギャップが14四半期連続していることになります。

現在はデフレ経済下において個人消費が増えていかず、企業の設備投資も低迷している中で円だけが強いという状況で、このマイナスはなかなか改善されません。

諸悪の根源はデフレであり、デフレである以上あらゆることが悪くなってしまうわけで、このデフレがもたらす悪循環により日本経済はまさに長期停滞に入っています。したがって、デフレからいかにして脱却するのかを日本の最優先課題として徹底的に取り組んでいかねばなりません。

デフレによる実質金利の高さが円高傾向の原因

２０１１年10月に来日したノーベル経済学賞受賞者で世界的に著名な経済学者ポール・クルーグマン氏も日本で行なった講演の中で、「デフレが続く限り円高が続いていくことになるだろう」と述べていました。

欧米を見渡せば、米国は弱いドル、欧州は弱いユーロを望んでいます。

そんな中で、日本はとりわけ金利の問題に直面しており、デフレによる物価下落を考えると、日本の実質金利が顕著に高いことが大きな問題であると、クルーグマン氏は語っています。

確かに、日米とも短期金利はゼロ水準なのに対し、米国が若干ながらインフレで日本はデフレ。今や世界中の当局がゼロ金利政策を志向している中で、日本は実質金利で見れば立派な高金利国になっていると言っても過言ではありません（38ページの**図2**参照）。

図 2　日米の実質金利と為替レート

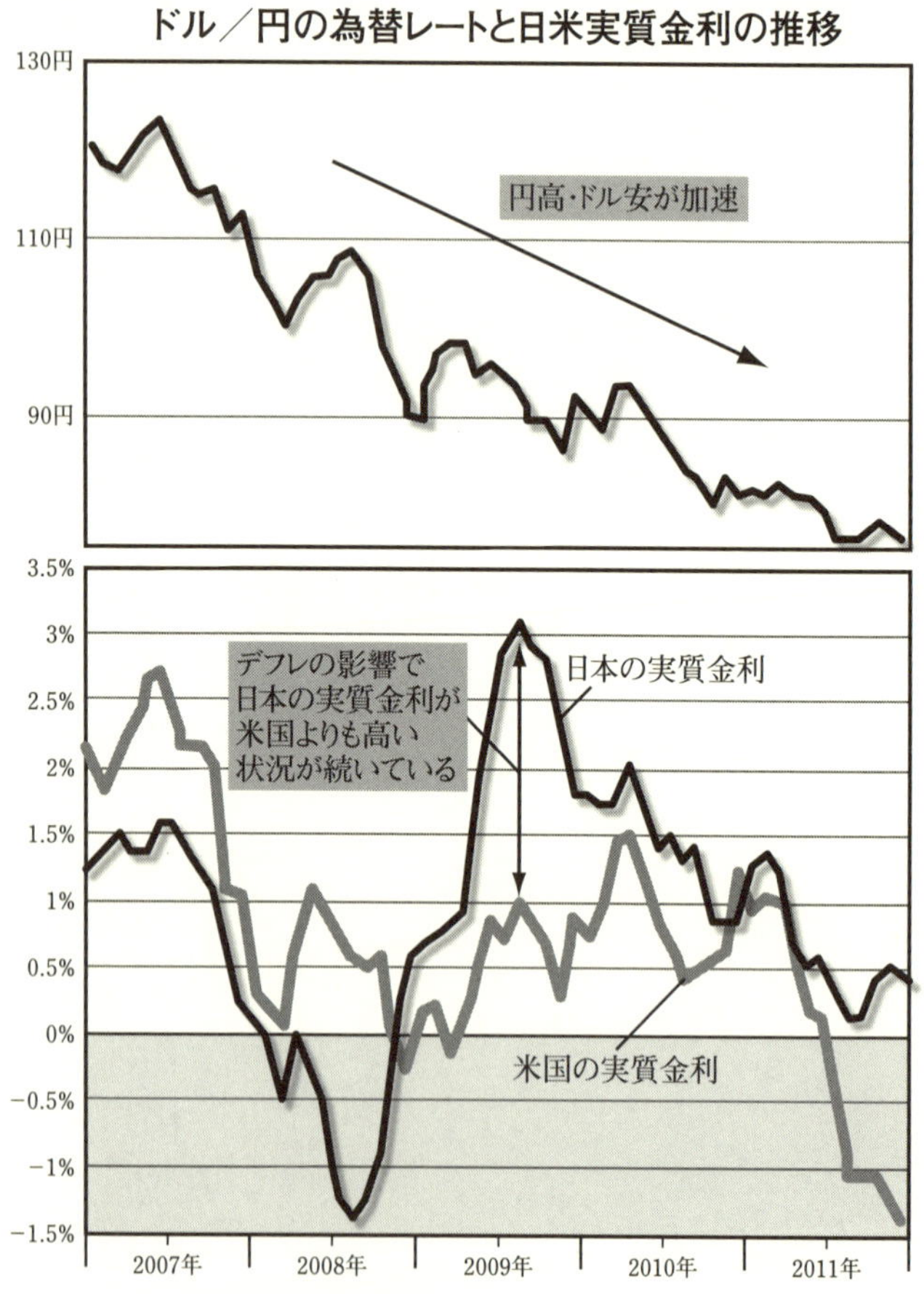

※日米の実質金利は両国の5年物国債の月平均利回りから、米国はコア消費者物価指数、日本は生鮮食品を除く消費者物価総合指数の前年比の増減率を差し引きして算出。

クルーグマン氏は、日本が好況だった2003〜2007年にデフレから脱却できなかったことが現在の厳しい情勢を招いていると指摘していました。すなわち、5年物国債で見れば、日米間の実質金利は2％（日本は0・5％、米国はマイナス1・5％）も開きがあるわけですから、当然ながらそこには円高要因があるということです。

では、これまで円高によるメリットが何かあったのかというと、理論的には自国の製品を高く売って、他国の製品を安く買うというメリットがあったはずです。

しかしながら、「交易条件指数」（産出物価指数を投入物価指数で割って算出され、指数が高いほど貿易に有利）の「製造業総合部門」を見ますと、大きくいえば2002年以降は低下傾向にあり、2010年は2002年に対して約13％も低下しています（40ページの**図3**参照）。

一方、為替水準を数値的に見ますと、2002年の1ドル＝125円28銭（年間平均）に対して2011年は1ドル＝78円74銭と、およそ40％も円が強くなっています。

このような状況下での交易条件の相対的な悪化が意味するものの一つとして、

図 3　日本の製造業の交易条件

交易条件指数の推移

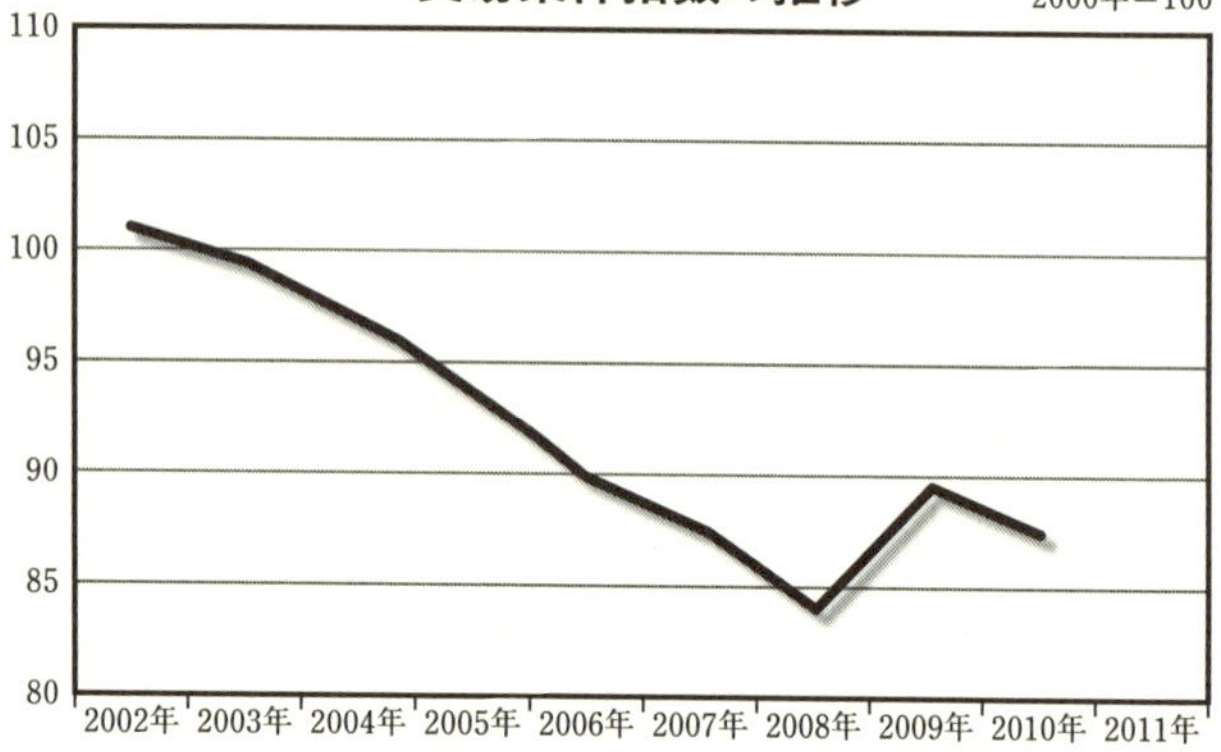

※日銀は2010年7月以降、交易条件指数の発表を取りやめている。

産出物価指数／国内品・輸出品（製造業総合部門）の推移

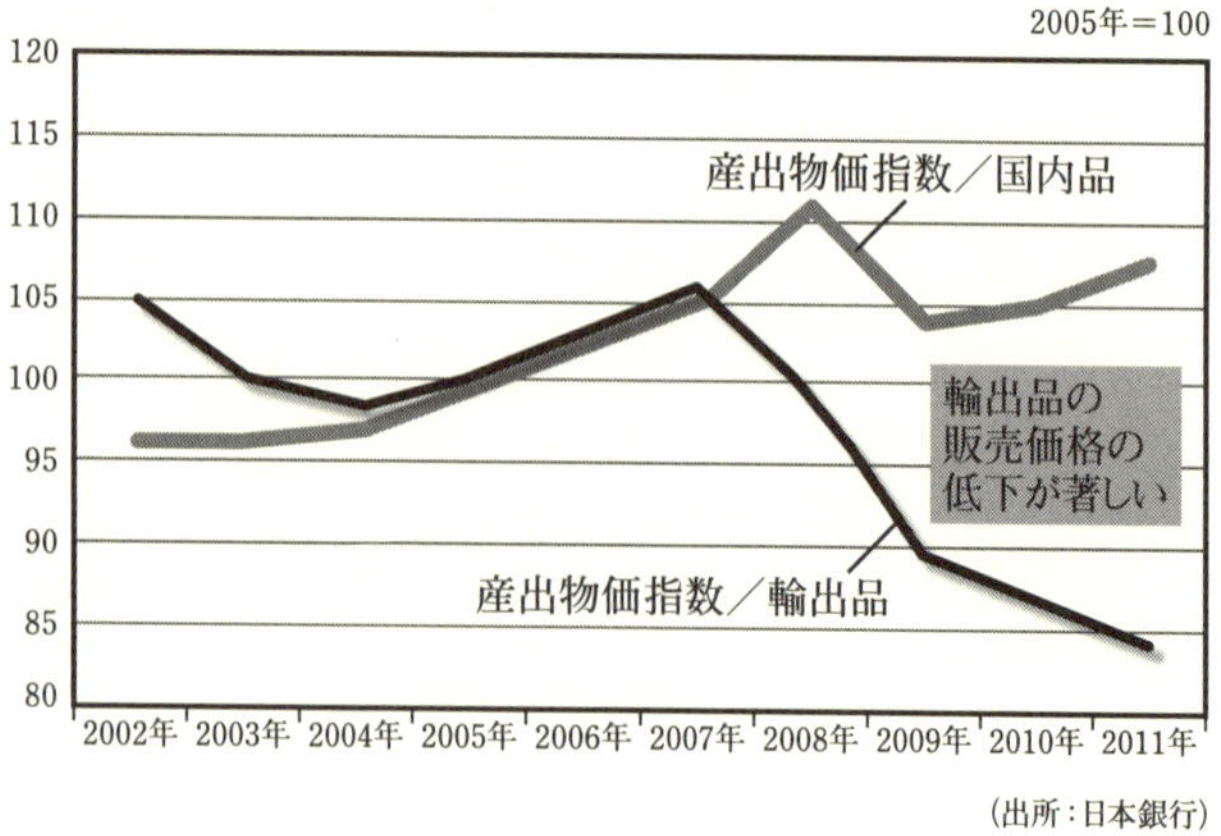

（出所：日本銀行）

メーカーの収益性の低下があります。

すなわち、メーカーが同程度の収益を上げていこうとするなら、円高環境下においては通常販売価格（産出物価）を上げていくはずですが、結局それを抑えた形での経営がなされているということで、収益がどんどん圧迫されていくわけです。

実際に産出物価指数の「輸出品」を時系列で見れば、２００２年に対して２０１１年は20％程度低下している一方で、同指数の「国内品」は２００２年から逆に十数％も上昇しています（**図３**参照）。

したがって、上述した要因などにより交易条件は悪化の一途をたどっているわけですが、これこそが今、日本が抱える大問題であると私は認識しています。

日本復活は成長戦略を徹底的に推し進める以外ない

まずはその現実を直視し、その状況を改善に向かわせるべく何をすべきかについて、政策当局者は早急に検討を開始しなくてはなりません。

クルーグマン氏も述べている通り、日本はいつまでたってもデフレからの脱却すらできないというような状況です。

デフレ脱却のためには、成長戦略をいかに打ち出すのかがカギとなります。特に日本の場合は大震災からの復興と絡めながら、どのような新成長戦略を打ち出して14四半期もマイナスが続く需給ギャップを縮小していくのかということに取り組んでいかねばなりません。

現在のステージというのは成長戦略を徹底的に推し進めていくべきところであり、経済が成長していけば税収の自然増につながることになるわけですから、今後発生してくる復興需要というものをいかに経済成長に生かしていくのかを考えるべきでしょう。

また、デフレを克服すべく「インフレターゲット論」を持ち出す論者も多数いますが、私もそれが一つの手法であると認識しています。1~2%程度のインフレをつくり出すよう導いていくために、政府と日銀が一緒になって適切なタイミングで財政・金融政策を打ち出していかねばなりません。

日銀は2010年秋以降、ゼロ金利政策を含む追加金融緩和の実施や「資産買入等基金」の創設や増額を打ち出していますが、やはり徹底的な量的緩和を実施しなければなりません。

復興財源は日銀の「国債引き受け」で確保すべきだった

東日本大震災の復興財源についても、当初は「日銀の国債引き受け」でまかなう議論が盛んに行なわれていましたが、その実施にあたって考慮すべきことが多々あるのは間違いないでしょう。

日銀の白川方明《まさあき》総裁は「仮に日銀が直接引き受けに踏み込めば、市場に対して誤ったメッセージを送ることになり、国債の安定発行という震災復興の基盤自体に影響を与える」と懸念しているようですが、現下の非常時においてそのような懸念はまったく必要ありません。

結局、野田佳彦政権は復興増税によってその財源をまかなうことを決めましたが、時としてハイパーインフレにつながる〝禁じ手〟ともいわれる日銀の国債引き受けというものが今回、必要だったのではないかと私は考えています。

特例法でやればよかったのです。

今のような状況なら限界的な貨幣乗数（金融機関が貸し出しを通じて新たな預金を生み出し、それがまた新たな貸し出しにつながるといった金融機関の信用創造機能により、資金が市中にどれだけ効率的に供給されているかを反映）はマイナスなので、インフレの心配はないと思います。

現在約15兆円にも及ぶ需給ギャップの解消に向けて、実質的な有効需要をつくり出していかなければなりませんので、根本的には設備投資や消費を増やしていくしかありません。

しかし、新産業を創造するには膨大な時間を要します。「新成長産業創造」や「成長産業育成」というようなことを論ずる識者はたくさんいますが、現在の状況においてはまずはデフレを断ち切ることが先決です。

その部分に焦点を合わせ、被災地の破壊された社会資本の復旧などを早急に行なうべきです。

施策の実施にあたっては、日本国債の約93％を日本国民が引き受けているということを考慮しますと、国際収支の経常収支黒字下では一時的な財政悪化を気にする必要はほとんどないと思います。

これこそが経済政策遂行における最大のポイントであり、デフレ脱却を実現すべく、積極的な政策運営を図っていくべきであると私は考えています。

論点2

「経済成長より増税」という愚を犯すな

世界を取り巻く経済状況の深刻度

２０１１年以降、日本を取り巻く世界情勢は混沌の度合いを深めています。

米国経済の行方を考えるにあたっては、ＦＲＢ（連邦準備制度理事会）が２０１０年11月に踏み切ったＱＥ２（量的緩和第2弾）の実体経済に対する影響が重要な要素の一つになってきますが、同時に米国がＱＥ３（量的緩和第3弾）に踏み切ることが非常に難しい環境下にあるということも考慮しなくてはなりません。

米国についてさまざまな経済指標を見てみますと、月ごとに改善・悪化を繰り返しており、方向感がいまだ定まっておらず、まだ安心できない状況であると私は認識しています。

欧州経済についていえば、ギリシャに端を発した問題がポルトガル、イタリア、アイルランド、ギリシャ、スペインのＰＩＩＧＳ諸国すべてに及んでいく状況が続いています。南欧諸国のソブリン危機がユーロという通貨のあり方そのものに関わる相当根深い問題であるということを考えますと、欧州経済は今後も厳しい状況が続いていくという認識を持つべきでしょう。

他方、新興国の中にあってインフレに悩む中国では、預金準備率の引き上げなどの出口戦略がとられていましたが、現在ではインフレも沈静化してきました。しかし、欧米経済のスローダウンを背景に今度は経済成長率が低下し始めました。

世界全体の経済状況を見回しますと基本的にどの国も厳しく、このような環境下では米国経済の急速な回復も見込めないでしょう。

また為替の面では、ついこの間までは対ユーロを除いてドル安状況でしたが、さらなる量的緩和に踏み切ることは、新興国でのインフレ再燃を招く可能性があることから批判も強く、難しくなっています。そうした状況で対円でもドルは強くなってきており、以前とは状況が少し変わってきています。

仮に米国の輸出が落ち込んでいくとなれば、米国経済全体の回復力は再び弱まるわけで、米国経済は袋小路に入っているような状況であるといえます。

日本の状況についていえば、２０１０年10月、日銀はＦＲＢに準ずるような形でＥＴＦ（上場投資信託）やＲＥＩＴ（不動産投資信託）などの金融資産を買い入れると表明したわけですが、規模が小さく、その後、大した効果をもたらしていません。

ただ、為替では前述した要因もあって円高基調が少し和らいできていますし、日本はこの間かなりの円高対策を施してきていることから、米・中・欧の経済のさらなる落ち込みがなければ輸出もある程度回復していくでしょう。

これまでは米国の「ドル安誘導」に振り回され、輸出主体で日本経済の回復を実現することができなかったわけですが、その状況にポジティブな変化ももたらされると考えられます。

そのような意味で日本経済は当面一息つける感はありますが、世界各国が相互依存している中で輸出先の経済がしっかりしてもらわないことにはどうにもならないという状況は常にあり、特に米国と中国が元気でなければ日本にとっては非常に困るというわけです。

日本の財政は悪化の一途

したがって、日本についても米国同様、これから景気がどんどんよくなっていくというようにも思えませんし、デフレからの脱却もそう容易にできるというような状況でもなく、今後も引き続き難しい舵取りが求められていくということです。

より長期的な視野に立つならば、日本が抱えている問題として、莫大な財政赤字についても触れざるをえないでしょう。

これについては対策を早急に検討しなくてはなりません。日本もゆくゆくは消費税増税を真剣に考える必要があると思います。

また欧米と比べて高水準な法人税の5%引き下げ議論も進められましたが、政府が税率引き下げにともなう税収減を容認していくとするならば、やはりタックスベースを拡大して「税収中立」とすべきでしょう。

法人税率引き下げを受け、企業の内部留保に対する課税を検討するという議論も浮上しましたが、課税を避けるために国外に資金が流出していく可能性があることも考慮する必要があるでしょう。

民主党政権が現路線を突き進んでいくとなれば、日本の財政状況は今後も悪化の一途をたどることは間違いありません。そうなると日本国債の約93％が日本国民により消化されるというこれまで続いてきた状況も、いずれ限界に達してしまうことになるでしょう。

すなわち、個人金融資産とバランスしなくなったときに日本の円というものが暴落する可能性が出てくるわけで、そのような意味で日本はこれからの財政というものを今こそ様々な角度から真剣に考えなくてはなりません。

日本の高貯蓄率はもはや過去の話

ところで、読者の皆様は、日本の貯蓄率が現在どのくらいになっているか、ご存じでしょうか。

私が学生であった時分にはだいたい20％以上の高貯蓄率をキープしていました。

日本の高度成長期においては、この高貯蓄率が銀行を介した「間接金融」偏重の金融システムの中で生かされ、重化学工業といった分野に資金が効率的に傾斜配分されたことで、日本の成長の一つの原動力となりました。

しかし、１９９２年には日本の貯蓄率は14・７％程度にまで下がってきて、さらにそこから漸減して２００７年には２％台となり、２０１１年には３・２％と少し回復はしたものの、非常に低くなってきているのです（52ページの**図４**参照）。

なぜ、このような低水準にあるのかについてはさまざまな理由が考えられますが、その一つとして「高齢化」が挙げられます。

現在の日本においては約４人に１人がすでに65歳以上になっており、そのような高齢化の中で老人はもはや貯蓄をせず、むしろ貯蓄を消費に回しているということです。

高齢化の進行により貯蓄を取り崩して消費を行なうという状況になっているわけですから、当然ながら約１４８３兆円（２０１１年12月末）といわれる個人金融資産残高も今後は減少していくことになると思われます。

私がなぜそのように推測するのかといえば、低貯蓄率に至った状況下で現金・預金

図 4　日本の家計の貯蓄率と高齢化

貯蓄率の推移

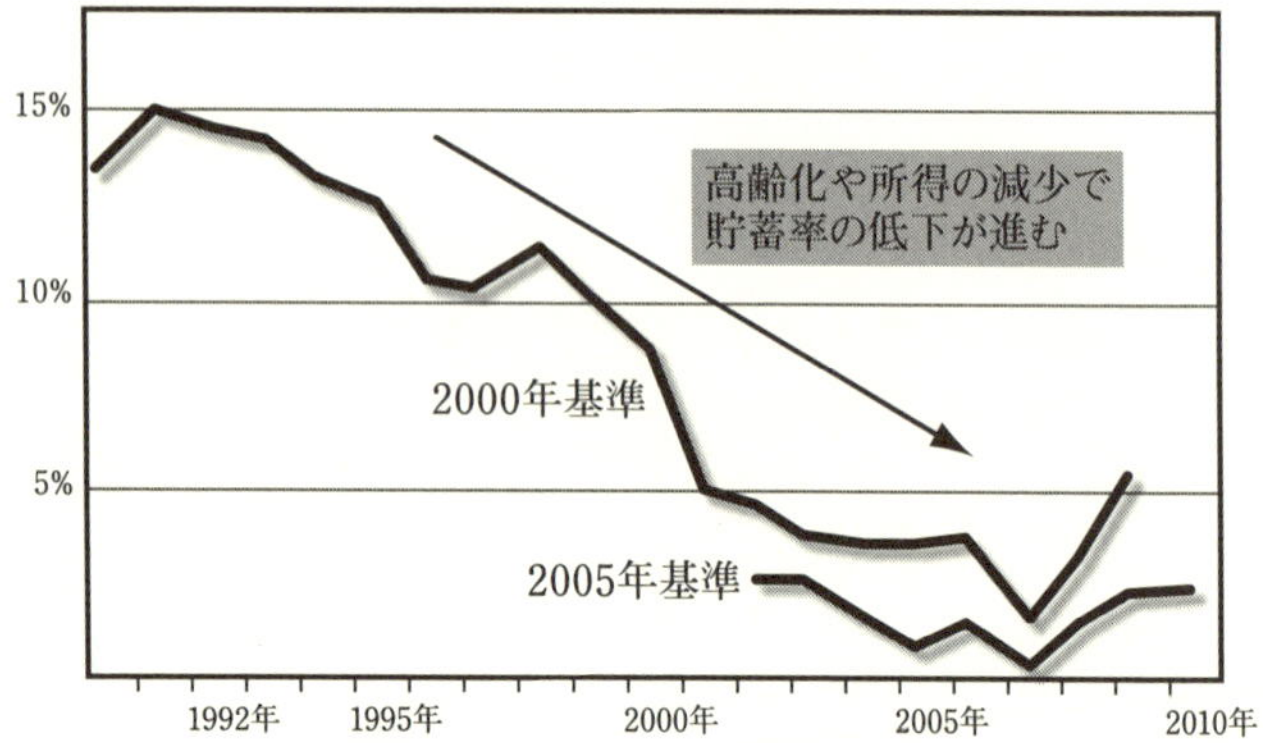

（出所：内閣府）

世界各国の65歳以上の高齢者1人を支える15〜64歳の人数

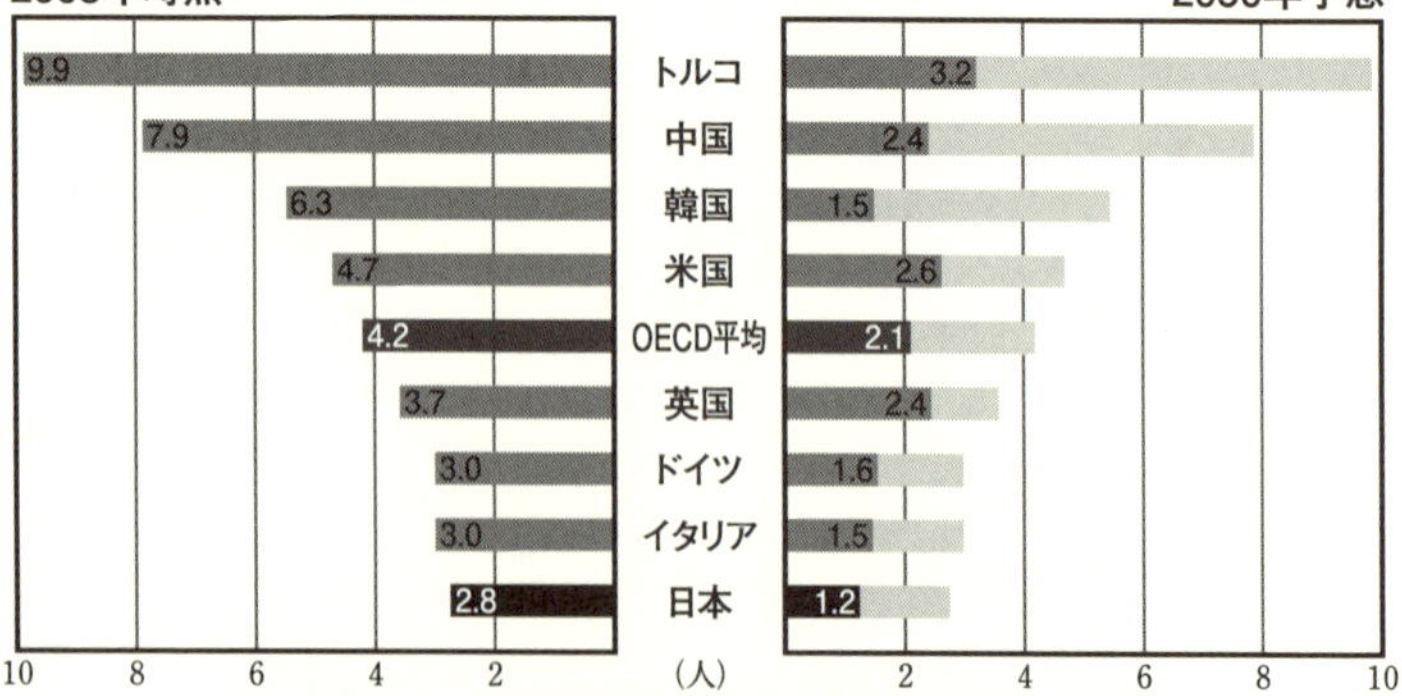

日本は2.8人の生産年齢人口で1人の高齢者を支える。
2050年には支え手の数は1.2人まで減少する。

（出所：OECD）

が個人金融資産全体の56・5％（２０１１年12月末）と大きな割合を占めているからです。そのため、個人金融資産全体の残高が減少していくスピードも増していくと考えられるのです。

国債の利払い負担増の可能性

日本には公的債務が９２０兆円（２０１１年12月末）ありますが、日本国債は個人金融資産約１４８３兆円を背景として、その93％程度が銀行や保険会社などのさまざまな金融機関を中心に国内で消化されており、そのような意味で他国とはかなり異なる状況にあります。

しかし、貯蓄率が低水準にある中で、公的債務と個人金融資産のバランスが崩れたときには、外国人に日本国債を買ってもらわなければならないような事態になっていきます。

バランスを崩す要因として貯蓄率の低下が挙げられるのは先ほど述べた通りですが、貯蓄率の低下をもたらす要因としては高齢化だけではなく、現役で働いている世代の「可処分所得の減少」も挙げられます。

現在のような経済状況においては可処分所得が上昇していくわけはなく、所得自体が減っていくために貯蓄に回すことができるお金も少なくなってしまうからです。

つまり、日本の貯蓄率は先進諸国の中でも際立って低い水準が続くだろうと思われるのです。

こうした状況下で、東日本大震災以前から日本国債の格付けは相次いで引き下げられてきました。今後、さらに格付けが引き下げられていくなら、当然、外国人投資家は日本国債の購入時に高金利をどんどん要求してくることになります。そして高金利がどんどん要求されるなら、わが国の国債の利払い負担もどんどん増えていくことになります。

この国債の利払い負担は、たとえば金利が1%上昇するだけで数兆円の負担増が発生し、それがまた国債発行を誘発するという悪循環に陥りかねないようなところに現在の日本はもはや立っているということなのです。

東日本大震災による被害額は1995年の阪神・淡路大震災を大きく上回るといわれていますが、復興のための費用は総額で20兆~30兆円規模に上ると私は見ています。

「震災対策経費」として少なくとも10兆円は出さなければならないでしょうし、さらには今後も拡大するだろう原子力関連の被害額、あるいはさまざまな被害補償といったことをすべて考慮すると、トータルで最高30兆円程度までかかるのではないかと思っています。

①低下していく貯蓄率、②電力供給不足による生産能力の低減や消費減がもたらすGDP（国内総生産）の低下、③復興対策に絡む国債増発ということになってくれば、日本国債の格付けがさらに引き下げられる可能性は十分にあります。

我々は、このような大変きわどい状況に直面しているという認識をまずしっかりと持たなければならないと私は強く思っています。

現時点での増税議論には強い憤り

このように日本の財政赤字問題は薄氷の上を歩いているような状況にあるのは確かですが、だからといって、今すぐに増税すればいいというものでは決してありません。

東日本大震災の復興財源として、2011年11月30日の国会で「復興増税」が正式決定されました。

2013年1月から25年に及ぶ2・1％の復興特別所得税が課せられ、2012年4月から3年間の法人税10％引き上げ（法人税率5％引き下げとセットで実質減税）や年間1000円の個人住民税の増額（2014年6月から10年間）などが、その内容になっています。

しかし、日本が直面する景気の現況を考えれば、増税がまったくナンセンスであることは明らかです。このような非常時に復興増税などと称して増税を実施したことに対し、私は強い憤りを覚えています。

2011年8月の民主党代表選を経て、野田佳彦氏が第95代首相に就任したわけですが、前々から復興増税というものを提唱してきた人物であるだけに成長とは正反対の方向に進んでしまうことを私は非常に危惧していました。

もちろん、「復興増税により国民の購買力が減じられても、徴収された税金が被災地域において需要を増やすということに投入されるのだから、それほど大きく減じられることはない」という類いの議論もあるかもしれません。

しかし、やはり多くの国民の購買力低下につながる所得税や消費税といったものの増税を今というタイミングにおいて決して実施すべきではありません。

特に消費税については、野田総理が２０１１年11月のG20（20カ国・地域）首脳会議で、消費税率引き上げを事実上の国際公約として表明しました。しかし、世界経済の現況を考慮すれば、やはり消費税増税などという多くの国民の購買力低下につながるようなことを、今というタイミングにおいて持ち出すのはあまりにもナンセンスではないかと私は感じています。

過去には「消費税率の引き上げは実質GDP成長率が２％を超えることが条件になる」という考えを示していた民主党税制調査会長の藤井裕久元財務相も、いつの間にか宗旨替えをしています。

野田総理も衆院解散・総選挙で増税に関して信を問う可能性も示唆するといった状況です。

２０１２年１月の内閣改造で増税論者の岡田克也氏を要職に起用したことにより、小沢一郎氏に近い議員が消費税増税への反発を強めています。国民においても当初の様相とは異なり、今は過半数を超える人が消費増税に反対しているという調査結果もあるわけですから、そもそもその実現というのは困難を極めることになるでしょう。

増税よりもまず2%以上の経済成長を目指せ

私は、2%以上の実質GDP成長率が実現されている中での消費税や所得税を含めたその他もろもろの増税というのがあるべき姿ではないかというように考えています。

なぜなら、租税負担率に社会保障負担率を加えた「国民負担率」を見ると、OECD（経済協力開発機構）加盟34カ国のうち、算出可能な32カ国中で日本は6番目に低いわけですから増税の余地は十分にあるのでしょう。

しかし、暗雲垂れ込める欧州経済、方向感がいまだ定まらない米国経済情勢、さらには「消費税解散」により生じうる政治空白のことを考慮すれば、今すぐに増税に踏み切る必要はないという判断を下して然《しか》るべきではないかと思うのです。

今後、日本においては震災復興という大義の下で20兆円程度とも見られる多額の公的資金が「真水」として出ていきます。

今というタイミングにおいて最も重要なのは、復興需要を生かして日本経済の浮揚をもたらし、いかにデフレ脱却に導いていくことができるのかを考えることであって、今の野田総理のように解散総選挙で政治空白にもつながりうる増税論を持ち出し、執着するということではないのです。

こうした考え方により大失敗したのが、1997年4月に消費税率5％への引き上げに踏み切った橋本龍太郎政権です。橋本氏は財政再建の必要性を唱えて増税を実施し、せっかく浮揚しかかっていた当時の日本経済を壊してしまったのです（60ページの**図5**参照）。

消費税増税にどうしても踏み切るというのであれば、議員歳費や議員定数の大幅削減などは当たり前のこととして、野田総理自身が野党時代に声高に主張していたいわゆる「天下り・わたり」というものの徹底廃止、すなわちより大きな財源を生みうる無駄な独立行政法人などの全廃をすぐにでも実施すべきではないでしょうか。

もちろん、どこかの時点で財政健全化はできるだけ速やかに図らねばなりません

図 5　日本の3大税収の推移

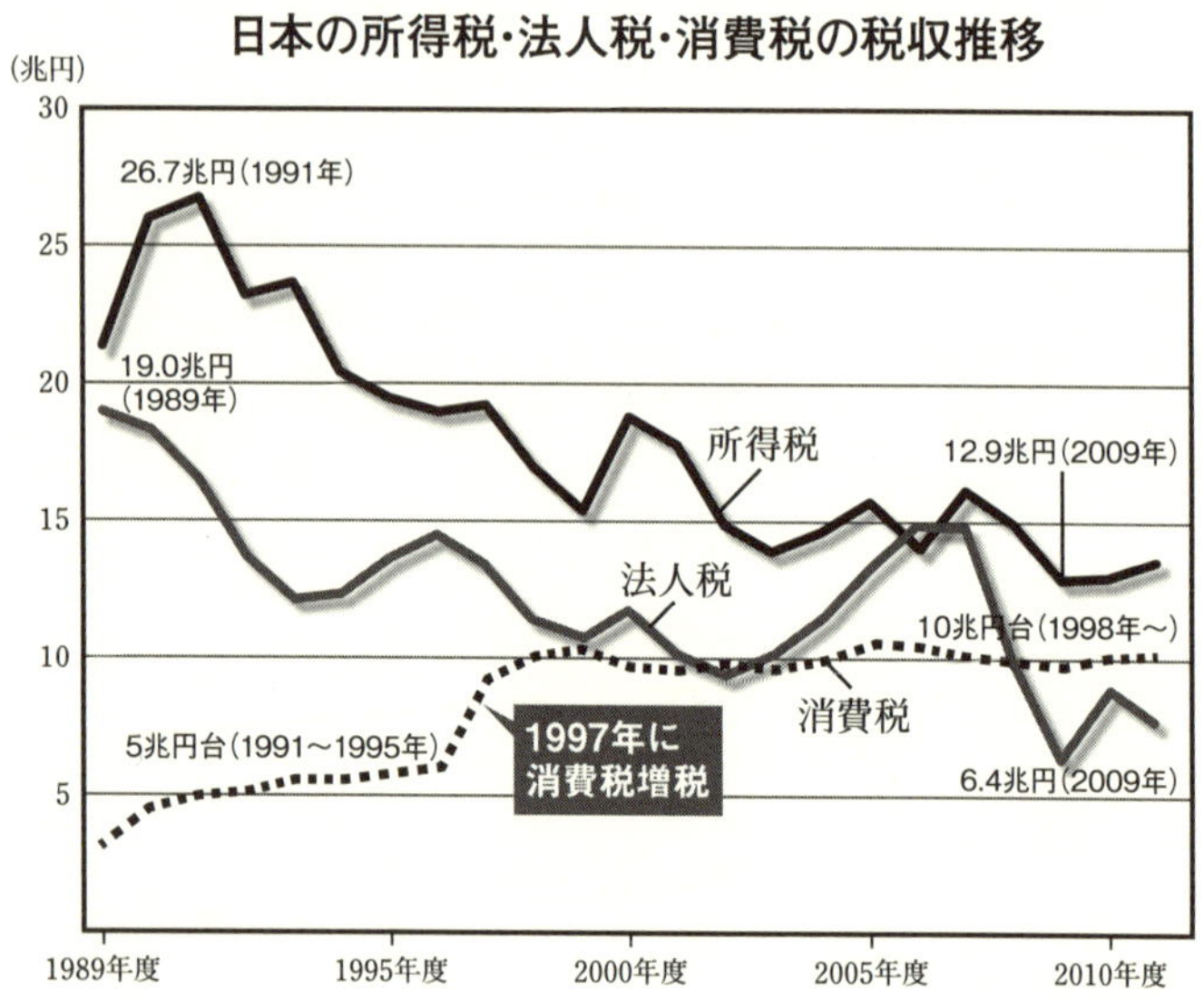

(出所:財務省)

が、今まさに経済を復興させなければならないときに税を上げるなどというような非常識なことはすべきではありません。

増税論者は往々にして現況を不変として財政再建論を展開し、増税がもたらす経済成長へのマイナス効果を忘れがちです。

震災やデフレ、円高で痛手を負っている日本にとって、現在のステージは成長戦略を徹底的に推し進めていくべきところであり、何度も述べますが、経済が成長していけば税収の自然増がもたらされるわけですから、今後発生してくる復興需要というものをいかに経済成長に生かしていくのかを考えるべきでしょう。

論点3

東京電力は解体すべきである

「パブリックカンパニー」とは何か

電力会社を取り巻く昨今の混乱状況を見ていると、「公開企業とは何か」という議論をもう一度やる必要があるように思います。

ある会社が債務超過になるから、政府が同業の公開企業何社かに資金負担を要請するとか、首相が行政指導でその企業に甚大な影響を与える要請を唐突にするとか、株主の権利はいったいどうなるのでしょうか？

2011年5月に電力会社9社など原子力事業者が共同出資し、東京電力（以下、東電）へ資金を供給する「原子力損害賠償支援機構」という枠組みを創設することが発表されましたが、投資家の権利という観点からいえば、私はこの事態を大変憂慮していました。

ご存じの通り、電力会社はすべて「パブリックカンパニー」、公開企業です。公開企業に対して政府が「あれをしなさい」「これをしなさい」という権利はまったくないわけで、いかに公益性の強い事業を運営していたとしても公開企業は株主のものであるということを忘れてはなりません。

前述の支援枠組みの決定もあって、電力各社の株価は大幅に下落し、特に首相要請を受けて稼働中の原発を十分な議論と説明がないまま停止した中部電力の株価は、2011年5月6日からの1週間で16％も下落しました。いったい政府は中部電力をはじめとした電力各社の株主に対してどう責任をとるつもりなのでしょうか（64ページの**図6**参照）。

その一方で投資家の責任という観点から述べますと、東電のように独占的利潤を上げていた企業の株主に長期間なっていれば、非常に高額な配当を継続的に受けることができていたわけです。したがって、今回のような問題を起こして破綻したの

図 6　電力会社の株価と政府発表

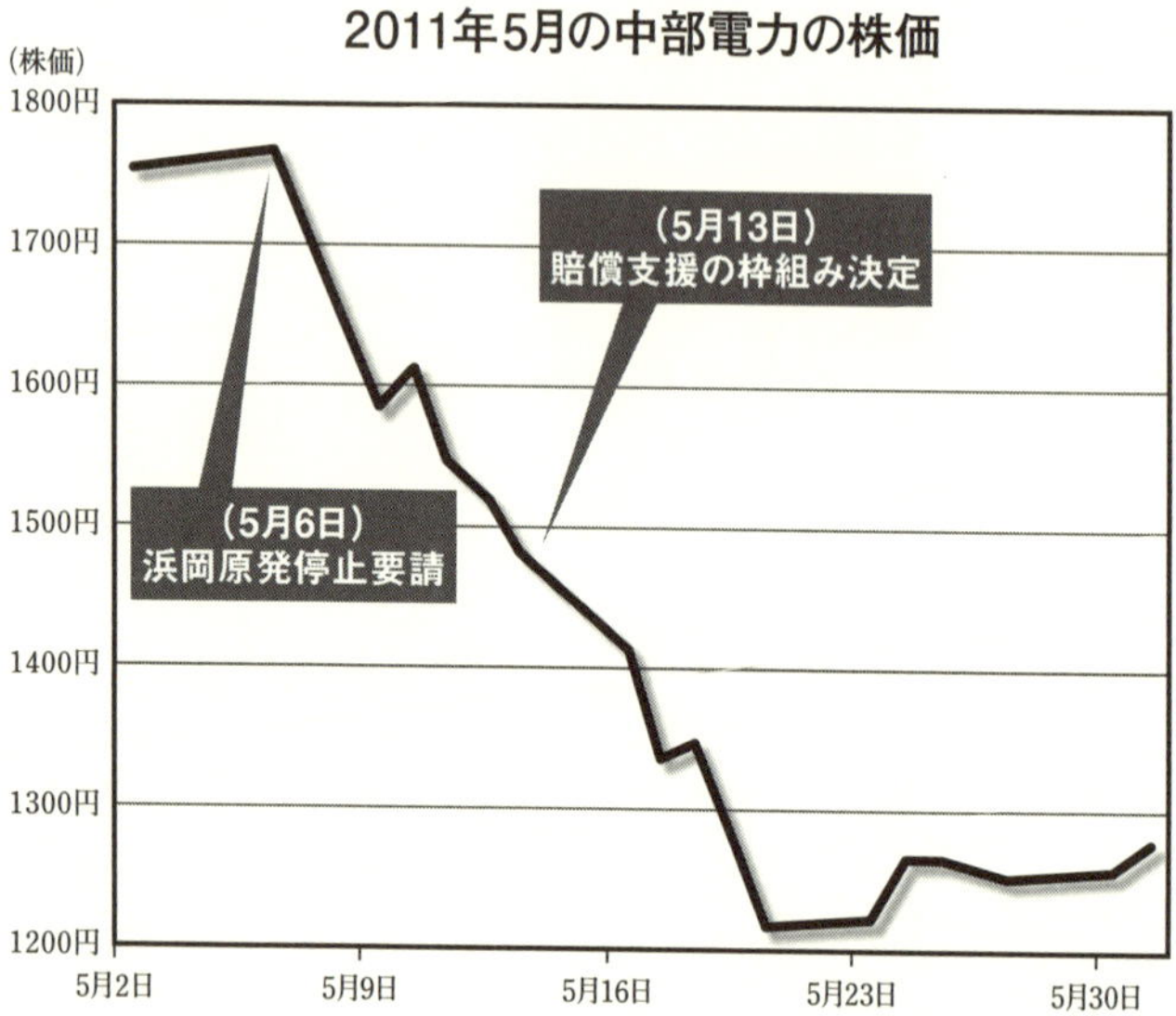

（出所：YAHOO! ファイナンス）

であれば、株主も当然その責任を負わねばなりません。

それについては債券保有者も同じであって、公開企業の倒産という状況の中でその責任を負うというのは当たり前ではないかと私は考えています。

しかしながら、〝too big to fail（大きすぎてつぶせない）〟との主張の前に、最初に責任を負うべき株主も守られるスキームが決定された一方で、当時の菅直人政権における官房長官だった枝野幸男氏は、資本主義の原則から逸脱する形で東電に融資している金融機関に対して債権放棄を要請するといった具合で、まさに支離滅裂な状況です。

債権は株式よりも優先されるのが基本的ルールであり、債権放棄をするならば株式は当然減資されるべきです。

東電は破綻処理して国有化すべき

福島第一原発の事故は、津波による全電源停止を予見しえなかった安全対策の欠陥、震災発生後、廃炉を恐れて即座に海水注入を行なわなかった事故処理のまずさなどを見ても、明らかに人災です。

　天災とはいえない状況において東電の過失が問われるならば、当然のことながら損害賠償の責任はまず東電が負わなければなりませんし、民間企業として破綻するというところまで、基本的にはあらゆる事柄に対する補償を行なわねばならないのです。

　それゆえ、そもそも東電は当初から法的処理をすべきケースであったと思われます。まずはいわゆる私企業としての東電に対して法的処理を行ない、そして一時的に国営企業にするのがまっとうなやり方であったということなのです。

　にもかかわらず、東電の上場維持が図られ、債権者負担も厳しく問わずして公的資金の注入および電力料金の値上げという国民負担によりカタをつけるといった、うやむやで中途半端な処理の仕方を選択するわけですから、まさに資本主義国では理解不能とも言いうる、破綻処理の原則や制度などをまったく無視した国のやり方には私は賛同しかねます。

　たとえば、2010年1月に決着した日本航空（以下、JAL）の問題については、JALとANA（全日本空輸）の2社でこれからのグローバルな競争の中で生き残ることができるとは思えないことから、私はＪＡＬをつぶすべきだと考えていました。

結局はそのような形をとらずにＪＡＬを生き残らせたわけですが、会社更生法で処理されたので、株式は１００％減資され、長期債務と社債は87・5％カットされ、企業再生支援機構が３５００億円の国費を投入することになりました。

他方、今回の「東電賠償スキーム」に関しては、これまで述べたような資本主義の原則に沿った投資家責任というものからかけ離れたものであり、また東電元社員の年金受給者に対しても何ら減額などの負担を負わせないというおかしなものであり、非常に由々しき事態であると私は思っています。

政府の東電に対する対応は資本主義の冒瀆《ぼうとく》

「大きすぎるからつぶせない」とか「公益性が強いからつぶせない」といった理由で、そうした企業を国税により救済し続けることが長い目で見て本当に国益にかなうのでしょうか。

私は、資本主義社会においては基本的に破綻企業の規模の大小にかかわらずつぶすべきであると考えています。資本主義のよいところは新陳代謝が常に起き、ダメなものは去り、新しいものが生まれるということではないかと思うのです。

一度破綻したなら東電のようなところは一時的に国営企業にし、発送電を分離したり、次世代の送電システムの構築を担う新たな企業に再生していくというのが、あるべき資本主義の姿ではないかと思います。

したがって、今からでも遅くはありませんから、菅前内閣時における破綻処理のやり方をもう一度すべて改め、東電を完全に国有化すべきです。また、仮に東電が国の管理企業のようになるのであれば、株式市場の公正という観点から考えても上場維持は難しいことですから、東京証券取引所が上場廃止にすべきことは言うまでもありません。

その完全国有化を実施する前に何やら発送電分離の議論が熱心になされてきていますが、発送電分離というのは基本的に東電を破綻処理しなければできないことです。まず先になさねばならないのは東電の完全一時国有化なのです。

株主や債権者の責を問わず、税金投入と料金値上げによって国民に大きな負担を求める形で事を済まそうなどというのはとんでもない話です。こうした政府による、ある意味での不正を目の当たりにすると、「国民を馬鹿にするのもいい加減にしてほしい！」と私は強い憤りを覚えます。

言語道断の東電による電力料金引き上げ

今回の原発事故を受け、電力料金の上昇は不可避となってくると思われます。火力発電への切り替えにともなうコスト上昇分や再生可能エネルギーの買い取り分に加えて、原発事故の賠償コストもいずれ上乗せされるということになれば、「世界一高い」といわれる電力料金が、これからさらに上昇していくことになるわけです。

そもそも電力料金というのがこれまでどのように決められてきたのかについては、2011年9月22日の日本経済新聞朝刊コラム「大機小機」の記事に詳しいので、以下、引用します。

「電力料金は電気事業法に基づき、総括原価方式で計算されている。発電・送電・電力販売にかかわるすべての費用を総括原価としてコストに反映させ、その上に一定の報酬率を上乗せした金額が、電気の販売収入に等しくなるように料金を決めるやりかたである。（中略）総括原価方式では、建設費、管理費などを料金で償還する仕組みとなっているが、期限も定めず、固定化された料金収入そのものが、不必要な投資を生み、安易な事業多角化を招き、あるいは過剰なサービスを提供することにつながっていないか、チェックが必要である」

基本的には引用にある通りですが、電力料金の上昇が見込まれる中で料金制度に関する議論はあまりなされていないのが現状です。現行方式で本当にいいのかどうかについて考慮していく必要があるのではないかと私は考えています。

値上げの前にすべき3つの電力料金制度改革

では、今後の電力料金を考えるうえでどのようなことが主だった論点になるのかというと、私は次の3点に集約されるのではないかと見ています。

第一に、火力発電や水力発電、原子力発電などの「エネルギーのベストミックス」において原子力発電のウェイトが小さくなる中で、どのようにミックスすれば安定した電力供給体制の下、電力料金を最も安価にしていくことができるのかという点

図 7 日本の発電ウェイトの推移

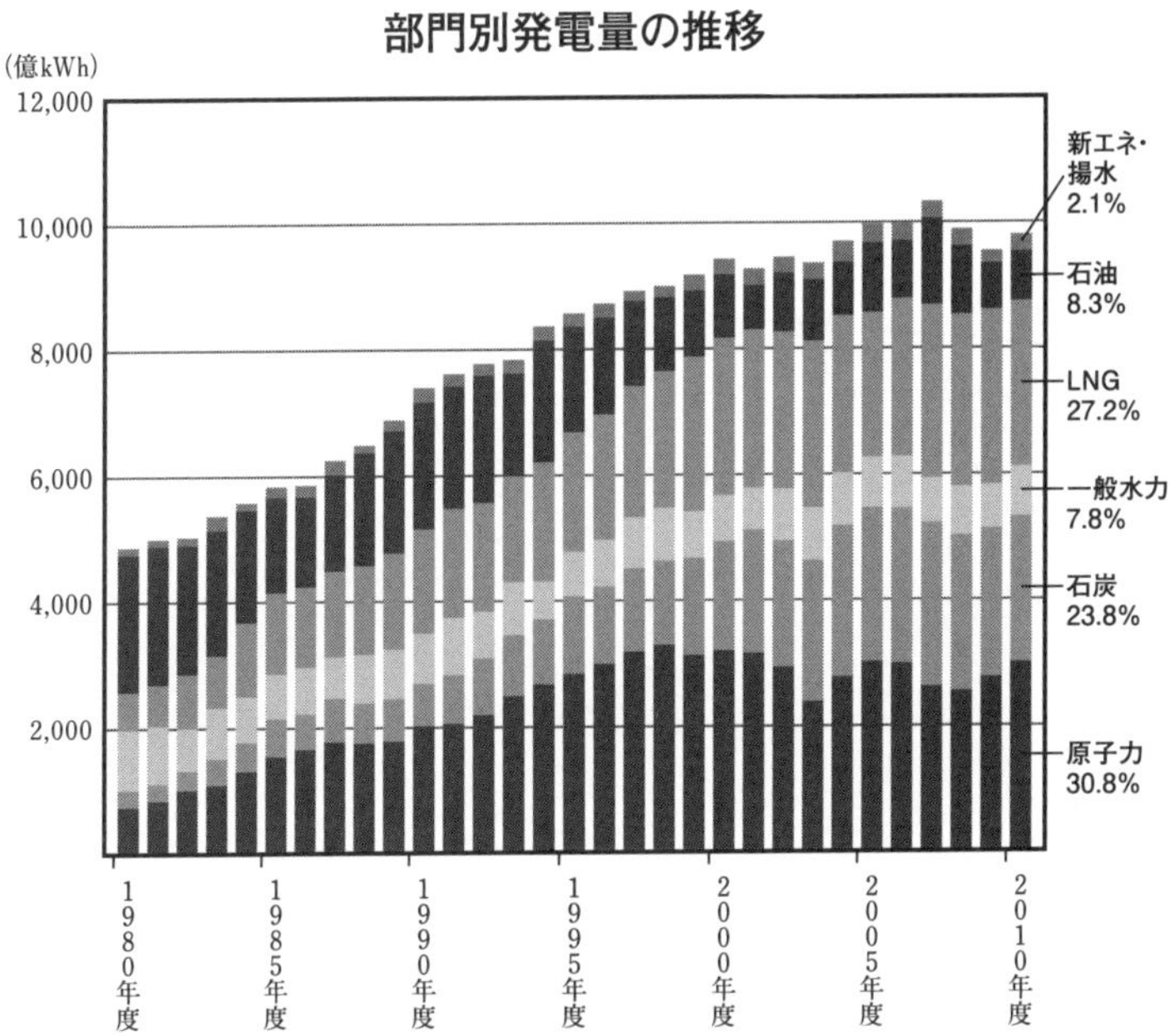

電力供給の30.8%を占める原子力発電のウェイトが今後小さくなるのは確実。代替発電をどのように行なうか、「エネルギーのベストミックス」が課題だ。

(出所：エネルギー白書2011)

が挙げられましょう（71ページの**図7**参照）。

第二に、今後も地域独占体制というものを維持していいのかどうかに関する検討がどうしても必要になります。やはり地域独占体制下では電力料金を下げる方向には働きえないことから、基本的には規制緩和をどんどん実施して新規参入が容易な体制へと再構築していかねばならないでしょう。

最後に、現在十分に活用されているとは言い難い、電力を売買するスポット市場が日本卸電力取引所により運営されています。電力料金を安くしたり、電力の無駄をなくしたりするためにスポット市場をどのように手直しすればいいのかといったことに関する議論も今後活性化させねばなりません。

電力料金に限らず公益事業分野全般の料金制度というものについて、我々はもう少し理解を深めて議論に参加していく必要があるでしょう。

そもそも、東電のような独占禁止法違反ともいえるパブリックカンパニーなどというものが認められている現状自体がおかしいと思うのです。より厳しい競争条件をつくり出し、それぞれを競争させていたら、今回のような福島県での惨劇も起こらなかったかもしれません。さまざまな面において競争がなかったから今回の人災が引き起こされたともいえるのではないでしょうか。

競争こそがさまざまな不合理や問題を解決していく方法です。競争させないメカニズムにしていたからこそ、40年前につくられた原発がそのまま生き残ってしまうということになるわけです。

言うまでもなく、万が一の事故を起こせば破綻につながるというリスクも常に抱えながら、企業経営はなされていくものです。

甚大な事故による破綻を避けたいと思うからこそ、その分野における技術革新を適時導入していくのであり、競争のある世界であれば40年前のものがそのまま生き残るなどとはとうてい考えられません。また、競争のある世界であれば、賠償資金が確保できないからといって電力料金を値上げするということなどできるはずもありません。

東電は政官財の癒着の賜物《たまもの》である

戦後50年以上にわたる自民党の長期政権下において築き上げられた政官財の癒着

構造こそが諸悪の根源であり、今回の原発問題が生じたのもある意味では原子力安全・保安院や原子力安全委員会、東電といったところが自民党政権時代に強固な癒着関係を構築し、ありとあらゆる改革・改善を阻んできたことによると思います。

発送電分離や周波数統一といったものの実現を阻んできたのも、まさにそのような癒着関係です。

国会においては老朽化した40年以上前の原発に対して見直しを求める指摘もありましたし、米国からも同じような指摘があったと聞いています。そうした中で旧自民党政権は何の対処もしてこなかったわけですから、自民党政権時代からのレガシー（遺物）というものなのです。

パブリックカンパニーとは何かという観点から東電処理の混乱状況を見るにつけ、やはり日本は根本的には法治国でも、まともな資本主義国でもなかったのではないかというように感じています。

現在起こっていることは、法治国では考えられないような政府の要請が次々とパブリックカンパニーに対してなされ、そしてまた資本主義国では理解不能な株主負担なき銀行負担が問われているという状況です。

今は日本という国の未来を左右する非常に重要な分岐点であるということを、読者の皆様にはしっかりと認識していただきたいと私は思っています。

論点4

米国の一極集中時代が終わり「日本力」が試されている

〝パックス・アメリカーナ〟終焉の序章

昨今、世界経済の先行きに対する悲観的見解が多く見受けられます。事実、世界経済の安定化に向けた各国における財政および金融政策の選択肢は非常に限られてきています。

米国について言えば、2011年度（2010年10月～2011年9月）の財政赤字は過去最高の1・6兆ドルに達し、2012年度も1・3兆ドルで4年連続1兆ドルを超える見通しが米国政府により示されており、危機的状況にあります。

米国オバマ政権は２０１０年11月の中間選挙での大敗北もあり、議会運営も厳しく、大変な難題に直面しています。２０１１年8月には、民主党と共和党の対立によって混乱した「債務上限問題」の一件により、米国は格付け開始以来70年間維持してきた最上級の格付けを初めて失うことになりました。

この米国債の格下げは、リーマン・ショック以降、〝パックス・アメリカーナ（米国の覇権がもたらす平和）〟の終焉の序章が始まった、まさにその具体的な一例にすぎず、ドルを基軸通貨とする国際通貨体制は崩壊への道をたどっているのです。

その一方で、欧州統合通貨のユーロについても、「統一為替レートを使いながらも財政主権がメンバー国それぞれにある」という根本的矛盾を内包しているため、今後も問題を起こし続け、そのたびに一時的な問題先送りを繰り返していくことになるでしょう。

ユーロ圏の将来はいまだに見通し難い状況にあるわけですが、金融・財政・通貨のすべてをユーロ圏で一本化していかなければ、〝ユーロ〟というコンセプトは生き残りえないのではないかと思います。

このような米欧の現況を踏まえると、世界の資金が向かう通貨はスイスフランと日本円しかありません。それは「ある程度の経済規模と外貨準備高を持っている国であり、流動性が十分ある通貨である」ということに関わっているのです。

新国際通貨システムの創設が早晩世界中で議論される

「論点1」では円高の国内的な要因として、デフレによる実質金利の上昇を取り上げました。しかし、それ以上に大きな要因といえるのは、〝パックス・アメリカーナ〟の終焉を予想させるようなドルの衰退です。

米国のドルの総合的な価値の推移を見ますと、FRB（連邦準備制度理事会）が発表しているドル・インデックス（1973年3月＝100）は2012年2月時点で81・3と、2002年2月につけた過去20年の最高値116・6から30％強も低下しています（**図8**参照）。

2011年7月に対ドルで豪ドルが変動相場制への移行（1983年12月）以来の高値を更新し、8月にスイスフランが史上最高値をつけたように、ドルはまさに歴史的な安値水準にあるというべき状況です。

図 8 ドル・インデックスの推移

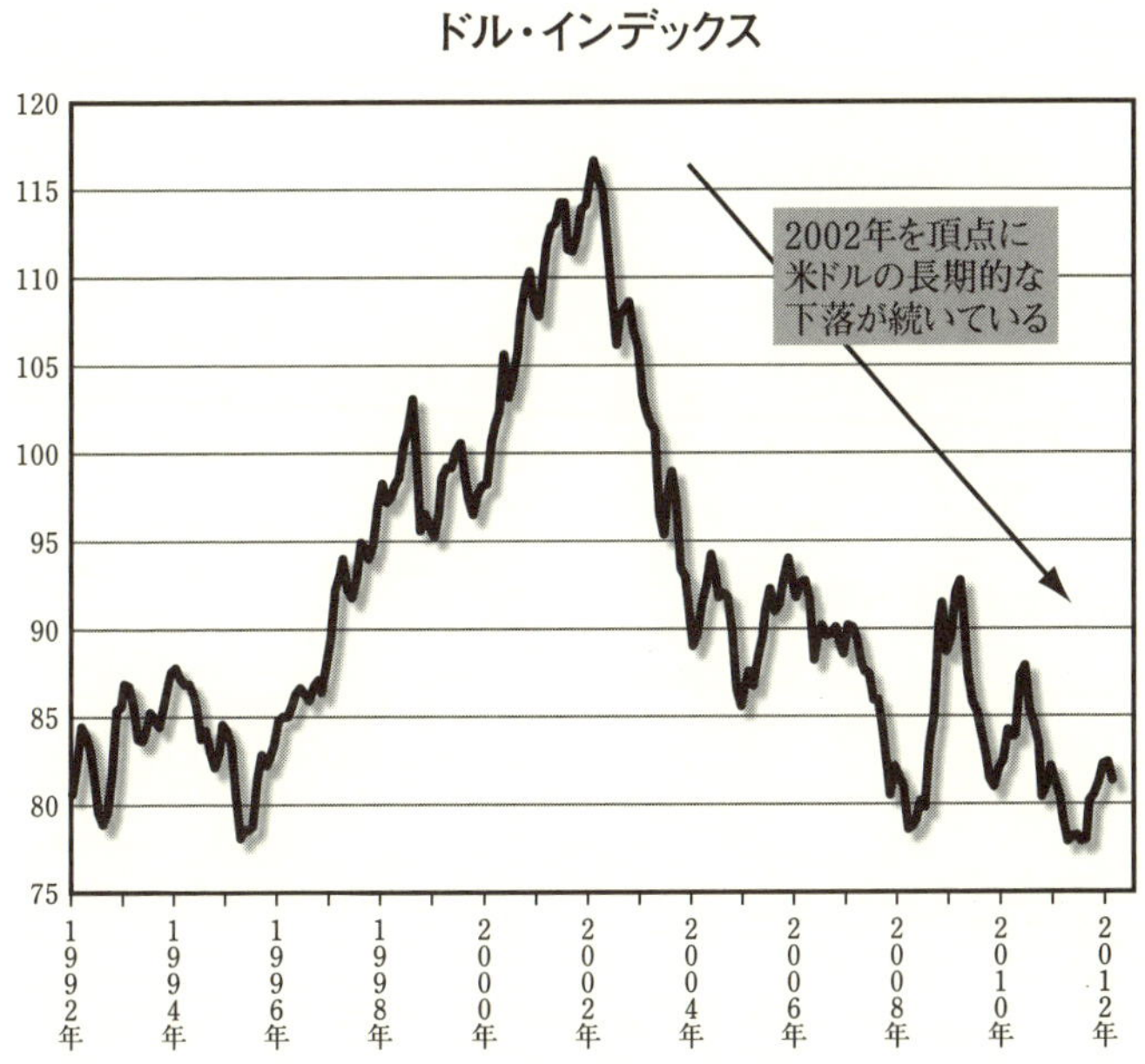

※ドル・インデックスとは各国通貨に対する米国ドルの総合的な価値を指数化したもの。
米国FRBが発表。上昇=ドル高、下落=ドル安を意味する。

（出所：FRB）

今のままでドル安が放置されれば、自国通貨とドルとの連動を弱める国が今後増えてくると思います。中でも、サウジアラビアが原油価格のドルリンクを放棄してドル建ての原油取引をやめるというようなことが起こるなら、ドルの信認は一挙に低下していくことになるでしょう。

ドル基軸通貨体制の崩壊過程において次代のカレンシー（通貨）が見えなければ、マネーというものは必ず金（ゴールド）に向かいます。それがどの程度のものになるのかは、ドルがスイスフランや日本円に対してどれだけ下落するのかということと裏腹の関係にあります。

長期的には、金はまだ高騰していくのではないかと私は見ていますが、その中で次の基軸通貨をめぐる話がどんどん進展していくことになります。

そして、それほど遠くない将来に次代の国際通貨システムを議論すべく１９４４年に米国のブレトンウッズで行なわれたような会議を開催しなければならない局面を迎えるのではないかと思われます。

私は一国の通貨を基軸とする国際通貨体制を今後も続けていくことはもはや不可能ではないかと考えています。

結局は、ブレトンウッズ会議において英国の国益の代表者であった経済学者ジョン・メイナード・ケインズが提唱した「バンコール」のような人工的世界通貨を創出するか、あるいは世界の主要通貨を加重平均で算出したＳＤＲ〈特別引出権＝加盟国の準備資産を補完する手段としてＩＭＦ〈国際通貨基金〉が１９６９年に創設した国際準備資産〉のようなバスケット型世界通貨を創出するという形に落ち着くのではないでしょうか。

もちろん、基軸通貨という役割をそれぞれの主要通貨が担うのではなく、〝複数カレンシーの世界〟になる可能性も残されているわけですが、仮にそうなった場合、金はやはり重要なものとして認識され続けることになるでしょう。

米国ドルと中国人民元と日本円

米国のドルが長期衰退しつつある21世紀において、アジアはさまざまな意味で大きな可能性を残す地域ですが、中国についてはインフレ圧力に押されて徐々に〝元〟の弾力化、緩やかな切り上げを実施し始めています。

中国としては元を国際通貨体制において重要な地位を占めるようにしていきたいわけですが、とりあえず今後想定される前述のSDRのようなバスケット型世界通貨創出にあたって、何としてもそこに食い込みたいと考えていることでしょう。

そうした中で日本円はといえば、政策当局者のきわめてお粗末な為替介入もあり、円高になる傾向にあります。日本の財政は大変な赤字であるとはいえ国債の約93％が国内で消化されており、それが個人金融資産とある意味でバランスされているという事実がある限りにおいては、当面、円が弱くなることはないでしょう。

しかし、「論点2」で述べましたが、日本の貯蓄率は大幅に低下しつつあり、時間の問題で個人金融資産と公的債務残高のバランスは必ず崩れることになります。そうなると日本国債の格付けはさらに大きく引き下げられるでしょうから、いつまでも国債の発行によって借金を増やし続けるということは不可能なのです。

ドル防衛の意思を見せない米国

今、起こっていることは何なのかといえば、米国がドルを本気で防衛しようという意思も見せない中でドル安が続き、その信認が着実に低下して、基軸通貨としてのドルの弱体化が進んできているということです。

そしてユーロもいわゆる「ＰＩＩＧＳ問題」で明らかになったように、単一通貨でも財政主体が多数存在するという本質的な問題を抱え、基軸通貨たりえないという判断が一般的になされています。

一方、中国もさまざまな問題を抱えており、直ちに人民元がドルに代わって基軸通貨になることができるというような状況ではありません。

そのような意味では今、円という通貨を国際化するための絶好のチャンスが訪れていると私は捉えています。

ただ、昨今のドル安が一過性のものではなく、構造変化そのものであるからといって、基軸通貨としてのドルの地位はそう簡単に直ちに揺らぐものでもないということはしっかりと認識する必要があるでしょう。

なぜなら、２０１０年10月27日の日本経済新聞『ドル安・円高の底流（大機小機）』という記事においていくつか挙げられていた通り、「基軸通貨の変更は、各国準備資産の組み替えや流通・決済通貨の量的調整をともなうため、ゆっくりと、静かに進む」ということや、「基軸通貨には、世界経済のけん引力以外に軍事的優位、取引の自由度、市場の開放・透明性などいくつもの条件が必要」であるということなど、さまざまな要因がその地位の形成に影響しているからです。

ドルの今後の見通しに関連して米国の経済状況を見てみますと、たとえば鉱工業生産指数はリーマン・ショック以後低迷が続いたものの、2011年12月は前月比0・4％増で、10～12月の四半期では年率3・1％増、四半期ベースでは10四半期連続の上昇となっています（**図9**参照）。

つまり米国経済はゆるやかに回復しているのですが、リーマン・ショックの元凶となった住宅価格がいまだ下げ止まっておらず、失業率も8％台に高止まりしているなど、経済が非常に活発になったとはいえない状態です。

そのような状況下、IMFが2012年1月に発表した最新の『世界経済見通し』を見ますと、先進国・地域の2012年の経済成長率はユーロ危機の深刻化もあって、2011年9月予想から0・75％も引き下げられて1・2％と予想されています。

2011年の米国の実質経済成長率は1・8％にすぎず、2012年についても同じ1・8％と予想されており、マイナス成長の欧州や1・7％の日本よりはマシな

図 9 米国のここ数年の経済状況

GDP（国内総生産）と鉱工業生産指数の推移

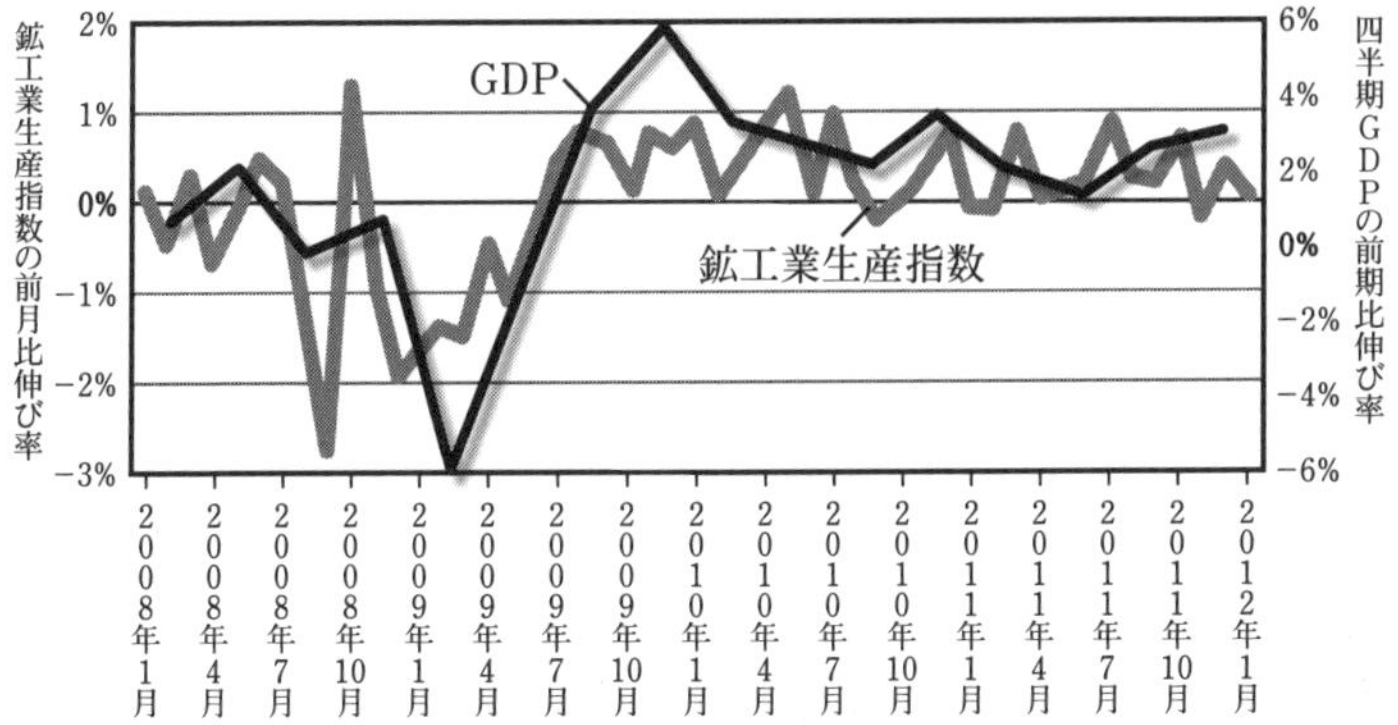

失業率と非農業部門新規雇用者数の推移

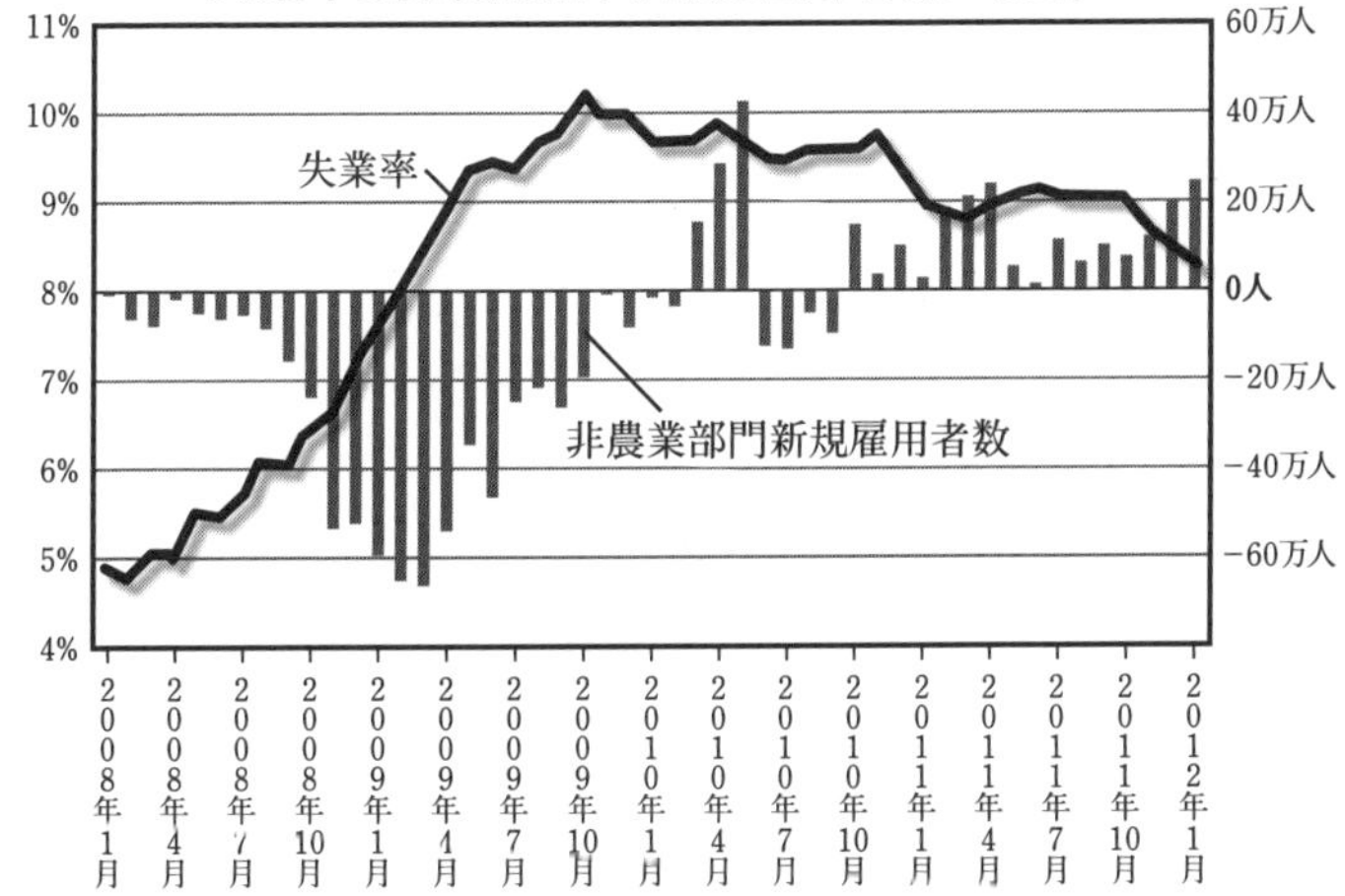

（出所：米国商務省、FRB、労働省）

ものの、景気の停滞が続く可能性が濃厚です。

すなわち、米国経済もドルの長期衰退という為替の動きを食い止めることができるような状況にはなっておらず、このことが世界各国にさまざまな影響を及ぼしていくことになると私は見ています。

今こそ「円の国際化」を推進するチャンス

これまで述べたように、ドルの衰退というものが長期にわたって続いていくと考えるのであれば、それはすなわち、円が世界中からどんどん買われていくという現象も一過性のものではないということを意味しています。

したがって、日本政府はこのように円が世界中から買われる状況をうまく利用して今こそ積極的に「円の国際化」を進めていくべきで、諸外国に国際的な準備通貨として円をできるだけたくさん保有してもらえるような体制を築いていくべきです。

なぜ、そのように主張するのかといえば、日本国債の約93%が日本国内で消化されているということの、ある意味でのリスクを軽減できると考えているからです。

そのリスクとは、1％を割って推移する長期金利が下がるところまで下がってしまうと（債券価格が上がるところまで上がってしまうと）、あとは債券価格が暴落するしかないという状況に至り、そんな局面では、誰かが先んじて大量に国債を売りに出した場合に売りが売りを呼び、大暴落していく可能性があるということです。

仮にそうなれば、国債漬けになっている日本の金融機関および金融システムが再び危機的状況に陥る可能性があります。

そのようなリスクを抱える状況にあるわけですから、各国政府に円建て国債を中長期的に保有してもらうことで「円の国際化」を進めていき、国内一辺倒の国債保有を海外に分散していくことには、大きな意義があるといえるでしょう。

「円の国際化」のチャンスは1980年代にもありましたが、当時の政・官界はそれをリードすることができず、残念ながら円は世界の主要通貨になりませんでした。その失敗を繰り返さぬよう、日本政府は「円の国際化」を最優先課題の一つとして戦略的に取り組んでいくべきであると私は考えています。

世界的な景気停滞、中でも米国の長期的な衰退は日本にとって悪いことばかりではないはずです。円高を逆手にとった逆転の発想が必要になってくるのです。

論点5

成長戦略なくして日本の未来はない

歴史的転換期における日本の課題

先進国で大震災が起こった場合、通常9カ月ほどで復興需要が発生してきて、その年のＧＤＰ（国内総生産）自体はそれほど下落しないものですが、２０１１年３月の東日本大震災については原発事故も発生したということで、状況がきわめて異なっています。

今回の原発事故による放射能の影響は、福島原発から半径20キロ圏内、30キロ圏内、ひょっとしたら50キロ圏内にまで及ぶかもしれず、その範囲における農業・畜産業・漁業は長きにわたって困難な状況が続いていくことになるかもしれません。

今回の被災地域のＧＤＰはトータルで日本全体の６～７％程度であり、ＧＤＰ比で見れば多大な規模ではありませんが、地域経済の空洞化というのはもはや避けることはできないでしょう。

さらに、原子力発電に対する一種の嫌悪感というものが国民の間に充満してきている中、電力供給不足問題は今や東京電力と東北電力に限ったことではなく、関西電力や中部電力、あるいは九州電力といったところにもどんどんと飛び火しています。

多くの地域住民たちが原発に対し断固として反対し、国および地方が現在停止中の原発再稼働を認めないという判断を下すと、全国規模での長期にわたる電力不足というものが現実味を帯びてきます。これがまた日本の産業空洞化という大問題に飛び火し、深刻化させる可能性があるのです。

日本の産業空洞化については、事故当時の菅内閣、現在の野田内閣は地震・津波・原子力対策といったことにしか取り組んでこず、日本の将来にとって枢要な外交政策がまったく先送りにされてきたということも今一度、深刻に受け止めるべきでしょう。

TPP参加への反対論には幻滅する

復旧・復興はもちろん大事ですが、〝内憂外患〟の状況下で日本の将来にとって大事な仕事はほかにも山ほどあります。たとえば、最終的な決断が先送りされている重大な課題の一つとして、TPP（環太平洋経済連携協定）の問題が挙げられます。

今の調子でいくと日本がTPPへ正式な参加表明を行なうときには、そのフレームワークはすでにすべて決められているということになるでしょう。

TPP参加遅滞の結果として起こりうるのは日本の産業空洞化がいっそう加速化していくということであり、農業の生産性向上を目指す近代化というものがさらに遅れていくということです。

TPP参加については、2011年11月にハワイで開かれたAPEC（アジア太平洋経済協力会議）の席上で、野田総理が参加に向けた協議に入ることを一応表明しました。しかし、反対論がくすぶる国内向けには「あくまで協議であって、参加表明ではない」という逃げ道を用意するなど、中途半端でうやむやな態度をとっています。

私はいまだにTPP反対を唱える国会議員が多いことに驚かされ、非常に幻滅しています。

この21世紀は、グローバリズムの進展の中でＴＰＰ参加の必要性は自明の理であり、２国間のＦＴＡ（自由貿易協定）をさらに進め、多くの国・地域を含む体制が形成される過程にあります。

まさに、自由貿易が新国際経済秩序を形成していくことになるにもかかわらず、今の政界においてはそうした認識が欠落し、いつまでたっても島国根性丸出しの国会議員が多数います。

もはやグローバリズムという既成事実の中でしか、今後の日本は生きられません。そうしたことをまったく考えもしない政治家、見識がなく理解できない政治家、理解できたとしても選挙中心の発想から国家国民のために正しいことを行なわない政治家がたくさんいるのです。

農業系の議員などが一生懸命に旧態依然たるものを守ろうとしているわけですが、グローバリズムの中ではそうした考え方は日本にとってマイナスでしかありません。

族議員達もしっかりと理解し、いくら票と関わっていても国会議員の使命として国家国民のために正しいことをきちっとするという方向で動かねばならないのです。

今見られるあまりにも馬鹿げた議員の振る舞いの数々に「もういい加減にしてほしい！」と強い憤りを覚えます。

愚かな族議員の抵抗などに屈することなく、一刻も早くＴＰＰ交渉に参加し、日本もグローバリズムの中で生きていくのだという意思表示を世界に対して行なうべきであると私は思います。

農業分野の生産性向上が急務

農業・漁業の近代化推進については「農地法」「漁業法」といった戦後すぐにつくられたような法律の抜本的改正を一刻も早く行なうべきです。

本来、ＴＰＰ参加に賛成か反対かではなく、ＴＰＰ参加による日本の生産性向上、たとえば農業分野の生産性を大きく飛躍させるような農業政策というものが語られるべきです。

１９５２年に制定され日本農業の近代化を遅らせた大きな責任がある法律「農地法」を大幅に見直し、抜本的改正に踏み切るというところからスタートすべきです。

すなわち、21世紀にふさわしい、いわゆる「ポスト・インダストリアル・ソサエティ（脱工業化社会）」における日本の産業構造というものを模索していくという方向性が非常に大事であるというように私は捉えています。

また、ＴＰＰというのは決してゼロサムゲームの類いではなく、グローバリズムの競争世界において国際分業がスムーズになされ、参加国すべてに対しポジティブな影響をもたらすものにもなりうるわけですから、参加国は協調する中で自由貿易構想を大事に育てていくべきでしょう。

これまでもそうでしたが、とりわけアジアの時代といわれる21世紀は、日本という国がアジアの将来に果たす役割は非常に大きなものです。アジアの発展のために日本がどう貢献していくのかについても、ＴＰＰの枠組みの中でよく考慮される必要があります。

日本のサービス分野における生産性向上は非常に遅れており、米国と比較して低すぎます。農業においてその向上を図るべく上手に競争原理を加えていくのは当たり前のこととして、医療分野においてもある意味での生産性向上を追求すべきでしょう。

農業分野について具体的に言うならば、単に米をつくるということではなく、加工して米のパンをつくるとか（私も食べてみましたが結構おいしかったです）、あるいは先進性を有する日本の加工技術を用いて付加価値を加えていくといった取り組みが求められるのです。

もち米でつくられるおかきの一種「柿の種」などは外国人に非常によく受け入れられるおつまみになっているという事実もあります。今の日本に必要なのは新たな商品や価値をつくり出し、世界に市場を求めていく努力をするということではないでしょうか。

旧態依然とした法律・制度の刷新を

原発問題との関連でいえば、「原子力損害の賠償に関する法律」や「電気事業法」というような法律も同じように見直さねばなりません。

今、世界は次の大転換期に突入していると私は認識しており、日本の将来にとって手かせ足かせとなるような法律はそのすべてを早急に見直し、日本の再生を目指していかねばならないと痛切に感じています。

仮に日本がこの世界経済の大転換期における舵取りをうまく行なうことができなければ、非常に大きな問題をもたらすことにつながり、たとえば日本の為替についても財政赤字の増大による国債利回りの急上昇など種々の要因によって、ひょっとしたら円が暴落する可能性さえあるでしょう。

そうして円安がどんどん進行したとしても、産業空洞化の影響で輸出が増加していかないという事態にもなりかねないのです。

日本の公的債務残高の対GDP比がすでに先進国中最悪の水準であるにもかかわらず、これまでの日本というのは高い貯蓄率であったがゆえに国債のほぼすべてを国内で消化できたのです。しかし、高齢化の進行および可処分所得の減少が主因となって日本の貯蓄率は大幅に低下しつつあります。

すでに述べていますが、貯蓄率の低下が何を意味しているのかといえば、個人金融資産と長期債務残高のバランスが崩れたときには、外国人に日本国債を買ってもらわねばならない状況に陥っていくということです。そうなれば金利は上昇し、国債価格は暴落するということになるわけです。

また、日本の財政問題が深刻の度を増し、輸出構造や人口構造が根本的な変貌を遂げてくる中、ＧＤＰが着実に伸びていかない状況がずっと続くようであれば、世界における日本の相対的なポジショニングはどんどん悪化しますから、円高が持続していくというようなことはもはやありえません。

少子高齢化に対応した福祉や移民政策の必要性

日本という国の福祉の形はどうあるべきかという問題については昔からさまざまな議論がなされており、非常に難しい問題であると私も捉えています。

やはり高福祉にすれば高負担にせざるをえないわけで、福祉国家の建設を早くから目指し、そうした方向で経済を引っ張ってきたのがスウェーデンやデンマーク、フィンランドといった北欧諸国です。

では、日本はそうした北欧諸国のように高福祉・高負担を目指すべきなのか、はたまた低福祉・低負担を目指すべきなのかと考えるとき、まず日本の現況がどうかというと、決して低福祉・低負担ではありません。

たとえば、日本の国民皆保険というのはある意味世界に対して誇るべき制度であり、それを実現しようとしたのが米国のオバマ政権でした。

福祉について別の観点から問題提起しますと、日本の社会保障制度の根幹を揺さぶっているのが、いわゆる「少子高齢化問題」です（98ページの**図10**参照）。この問題を解決するためにも日本は米国のように積極的な移民政策を展開し、活力ある状況をつくり出していくべきではないでしょうか。

日本には2010年末時点において1000人当たり7・5人程度しか永住外国人がおらず、先進国では考えられないほどきわめて少なく、インターナショナルな国とはとうてい呼びえないというのが現状です。

日本はドイツやフランスの移民政策の歴史から学び、やはり知識レベル・教養レベルが比較的高い水準にあると思われる人、あるいは専門的な技能・能力を身につけた人に限って移民をさせるべきです。

ただし、その場合、さまざまな社会問題の発生を防ぐために移民のわが国への同化政策を同時にとらなければなりません。そして、そうした若い人達を増やすことによって、社会保障費をまかなっていく必要もあるのではないかと考えています。

図 10 日本の少子高齢化

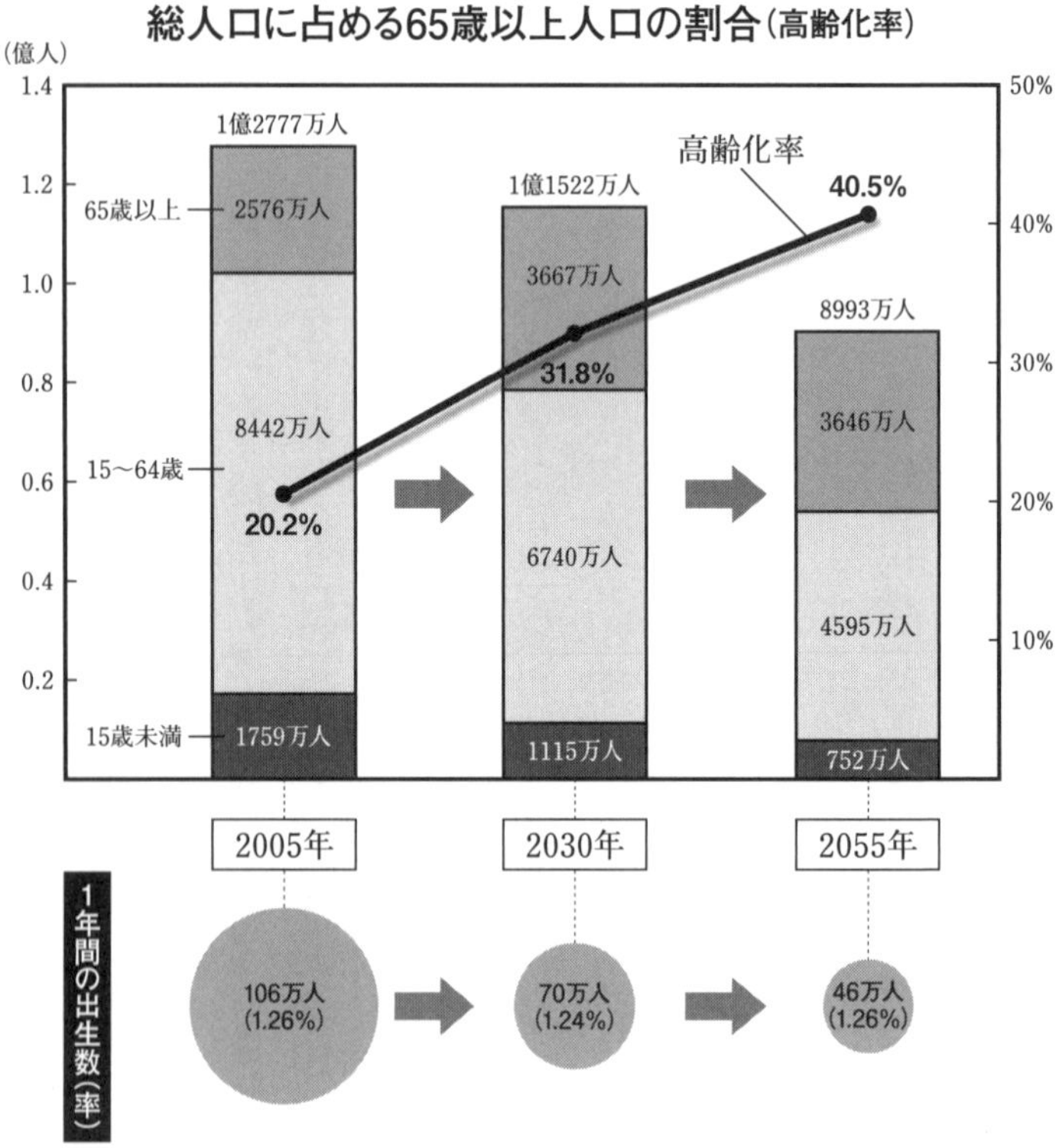

(出所:国立社会保障・人口問題研究所「日本の将来推計人口」2012年1月推計)

いずれにせよ、人口減少時代を迎えている日本は、今より格段にフレキシブルな移民政策を認めるという方向にならざるをえないでしょう。経済成長率の基盤は人口増加率と生産性上昇率であり、その意味においてもやはり日本は移民政策に積極的に取り組んでいかねばなりません。

世界各国を見ますと、第1次世界大戦以降に人口が急激に減少したフランスは、特に第2次世界大戦後に積極的な移民受け入れを行なってきました。

米国の人口は今でも年々1％程度増加していますが、その主因はもちろん移民の流入にあり、やはり国の活力を保つうえで移民政策のあり方は非常に大事なことであると思います。

外国人看護師が日本の医療現場で働けない不条理

「老老介護」という言葉がありますが、老人が老人を介護していくのは非常に困難なことです。歩くことができない老人をお風呂に入れることを考えてみても、若い人でなければとても無理なことであり、やはり海外から元気な若者にどんどん日本に来てもらって介護のような仕事に従事してもらうべきではないでしょうか。

それにもかかわらず日本は、ＥＰＡ（経済連携協定）に基づきインドネシアとフィリピンから受け入れた４１５人が２０１２年の看護師国家試験を受け、47人しか合格しない（合格率約11％。日本人を含む全体の合格率約90％）ような、難しい日本語の試験を課すというようにまったくナンセンスなことをしています。

看護師や介護福祉士候補者向けの試験では、わかりやすい表現への言い換えや病名の英語併記などの見直しを今後導入するということですが、私は現行のやり方そのものを抜本的に見直していくべきではないかと考えています。

たとえば日本政府が相手国政府の同意を得たうえでインドネシアやフィリピンに学校を建設して介護と日本語を教え、優秀な成績で卒業した人を無条件で日本に受け入れ働いてもらうというようなことです。

すでに、豪州やカナダなどでは優秀なフィリピン人労働者の取り合いが起こっています。日本は、一刻も早く広く国を開くべきだと私は思います。今後も日本が鎖国を続けているかのような時代遅れの排他的島国根性を一掃できないようであれば、もはやグローバリズムの中で生きていくのは不可能でしょう。

消費税増税では少子高齢化問題は解決しない

「社会保障と税の一体改革」の中で消費税率引き上げ問題が熱心に議論されています。しかし、仮に消費税率を10％に引き上げたとしても、人口減少時代を迎えている日本においては少子高齢化という問題に根本的なメスを入れない限り、いずれまた増税実施ということにつながっていくと思います。

少子高齢化の日本において高福祉を実現しようとすると、負担の程度は中途半端では済みません。ですから、高福祉を実現することが国民にとって果たして本当によいことなのかどうか熟慮が求められます。

また、仮に高福祉・高負担という世界を日本が目指す場合、過大な負担を背負うことになるのは次の世代です。彼らにその選択権を与えずに強要していくのも、おかしな話です。

少子高齢化という問題を解決せずに高負担を強いて社会保障制度を充実させていくというのでは、いずれどこかで破綻をきたすことになります。そうならないように、日本もドイツやフランスのように選択的移民政策を積極導入していかねばならないと私は思います。

やはり大事になるのは「人口増加」「企業活性化」「新成長産業創造」です。新産業が次々に誕生し既存産業もどんどん成長して、税源が生み出されるという状況であれば高負担という選択もありえます。しかし、現状のように新産業は創造されず既存産業も停滞する中で、どうして高福祉・高負担という世界が実現できるでしょうか。

地方分権の推進、東京一極集中の緩和も重要

地方分権をさらに進めることも大きな課題といえるでしょう。

地方分権の受け皿とする〝大阪都構想〟を掲げた橋下徹氏が2011年11月末、府知事から市長への鞍替《くら》え当選に成功しました。国の中においても東京一極集中という状況を一刻も早く改善し、地方分権の形をきちっととりながらいろいろな側面において福祉というものを充実していかねばなりません。

ドイツの主要都市に行くといつも思うのですが、ドイツは日本のように一極集中

化しておらず、たとえばハンブルク、フランクフルト、ベルリン、あるいはデュッセルドルフ等々、どこに行ってもそれぞれの地域に大飛行場とそれなりの産業があります。

つまり、それぞれの地域がそれぞれに発展していっているということで、全体として見れば非常にバランスのとれた形で発展しており、この辺にドイツ人の賢さというものを私は感じます。

高速道路についても、その計画・設計段階から機能性など見ていますと非常に優れているという印象を昔から受けています。そのようなドイツの優れた部分を日本は少し見習うべきでしょう。

その意味するところは、東京一極集中の単なる否定でも世間一般にいわれる地方分権という考え方でもありません。それぞれの地域に他を凌駕《りょうが》するような一つの産業を育て上げ、それを核としてその地域を実質的に興していくということです。日本の地域産業は今、壊滅的な状況になっているわけですから大変に重要なことです。

福祉の充実というものを考えるとき、病院がどうとか医療がどうとかいうことだけではなく、働きがいがあるとか生きがいを感じられるということも非常に重要な要素でしょう。たとえば、ある程度の年齢までは地方で農業や漁業などに従事することができるというような地方政策も必要ではないでしょうか。

第2章 世界の論点

世界の危機の中にある日本の針路

日本人よ、グローバリズムを直視せよ

論点6

欧州には暗雲が漂い続ける

欧州ソブリン危機が何度も再燃することは確実

日本と同じように世界各国も大きな問題に直面しています。この章では欧州や米国、そして中国をはじめとした新興国が抱える諸問題について考えてみましょう。まずはここ数年、世界の金融市場を揺るがす最も大きな問題となっている欧州ソブリン危機について取り上げたいと思います。

２００９年10月に多額の財政赤字が発覚して以来、欧州に暗雲を漂わせてきたギリシャ問題はＥＵ（欧州連合）などの支援を受けることとなり、いったんは小康を得ました。

ところが2012年5月、ギリシャ議会総選挙後の連立協議が決裂、同年6月17日の再選挙が決定し、世界の金融市場を揺るがしています。ギリシャを震源地とする欧州ソブリン危機の解決には、まだまだほど遠いと言っていいでしょう。

端的に言えば、ギリシャ財政は実質的に破綻していると思われますので、ユーロ圏から離脱するか、ユーロ圏各国が大幅な譲歩をして支援するかの二者択一しかありません。

ただし、各国が譲歩した場合でも、たとえばユーロ加盟国の中で最も負担を被ることになるドイツの選挙民が現政権に対して〝NO〟を突き付ける可能性もあります。今後もユーロ圏の運営は困難を極める局面が続くことになるでしょう。

2008年のノーベル経済学賞受賞者で、世界的に著名な経済学者ポール・クルーグマン氏も、2011年10月5日の日本経済新聞電子版『クルーグマン教授、米欧「日本化」に懸念　インタビューやりとり』という記事で以下のような趣旨のことを述べています。

「欧州の危機は、最初はギリシャ、アイルランド、ポルトガルといった小国の問題だったが、今ではイタリアやスペインなど大国を脅かしている。危機に直面している国の経済規模は、今やユーロ圏全体の3分の1に及んでいる。仮にこの危機を封じ込めたとしても、デフォルト（債務不履行）を恐れる市場の圧力が問題国の金利上昇を招き、その金利上昇がデフォルトを自己実現してしまう恐れがある。そうなれば銀行の自己資本を大きく傷つけてしまう。こうした欧州の状況が全世界にリスクを及ぼしている」

ＧＤＰ（国内総生産）でいうと、ユーロ圏17カ国全体のわずか2・5％でしかないギリシャの問題に始まった〝ユーロドミノ〟がなかなか収まる気配を見せず、ユーロ圏において経済規模3位、4位のイタリア、スペインにまで同様の財政危機が及ぶことになれば、欧州についてはまさにクライシス（経済危機）といった状況になるでしょう（**図11**参照）。

２０１1年10月27日にユーロ圏首脳はギリシャ債務の50％減免とＥＦＳＦ（欧州金融安定基金）の大幅拡充で合意しましたが、統一為替レートを使いながらも財政主権がメンバー国のそれぞれにあるという根本的な矛盾を内包している以上、今後も問題を起こし続け、そのたびに一時的な問題先送りを繰り返していくことになる

図 11 南欧諸国の国債利回り

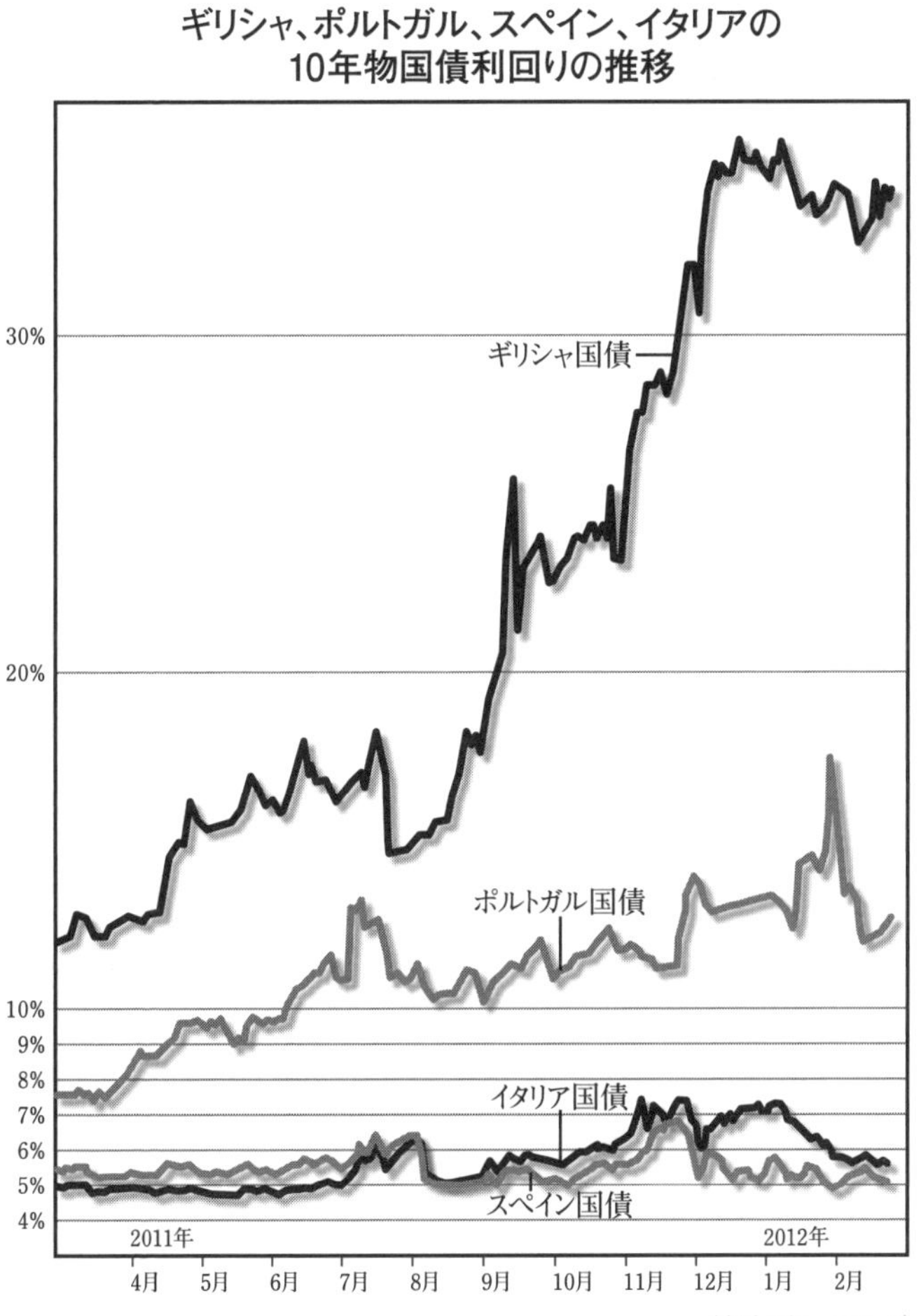

（出所：ブルームバーグ）

のかもしれません。

通貨は共通、財政はバラバラという大矛盾

危機に直面してもなお、ある意味で各国の財政統一化を図るユーロ圏共同債発行に至らなかったのは、結局それぞれの国において政治的決着を得られず、財政統一化の実現がなかなか難しいということを物語っています。

ユーロ圏の将来はいまだ見通し難い状況にありますが、金融・財政・通貨のすべてをユーロ圏で一本化していかなければ、ユーロというコンセプトは生き残りえないのではないでしょうか。

メンバー各国間において経済成長率も潜在成長率も大きく異なっており、財政状況についてもそれぞれ違っているのですから、そうした中で同じ地域通貨ユーロにより何とかバランスをとるというのは不可能でしょう（**図12**参照）。

結局、10年以上前から欧州委員会が検討してきたユーロ圏共同債の発行を視野に入れつつ、ＥＦＳＦ（欧州金融安定基金。２０１０年６月設立）とＥＭＳ（欧州安定メカ

図 12 ユーロ諸国のGDPと格付け

PIIGS諸国とドイツの実質GDP成長率の推移

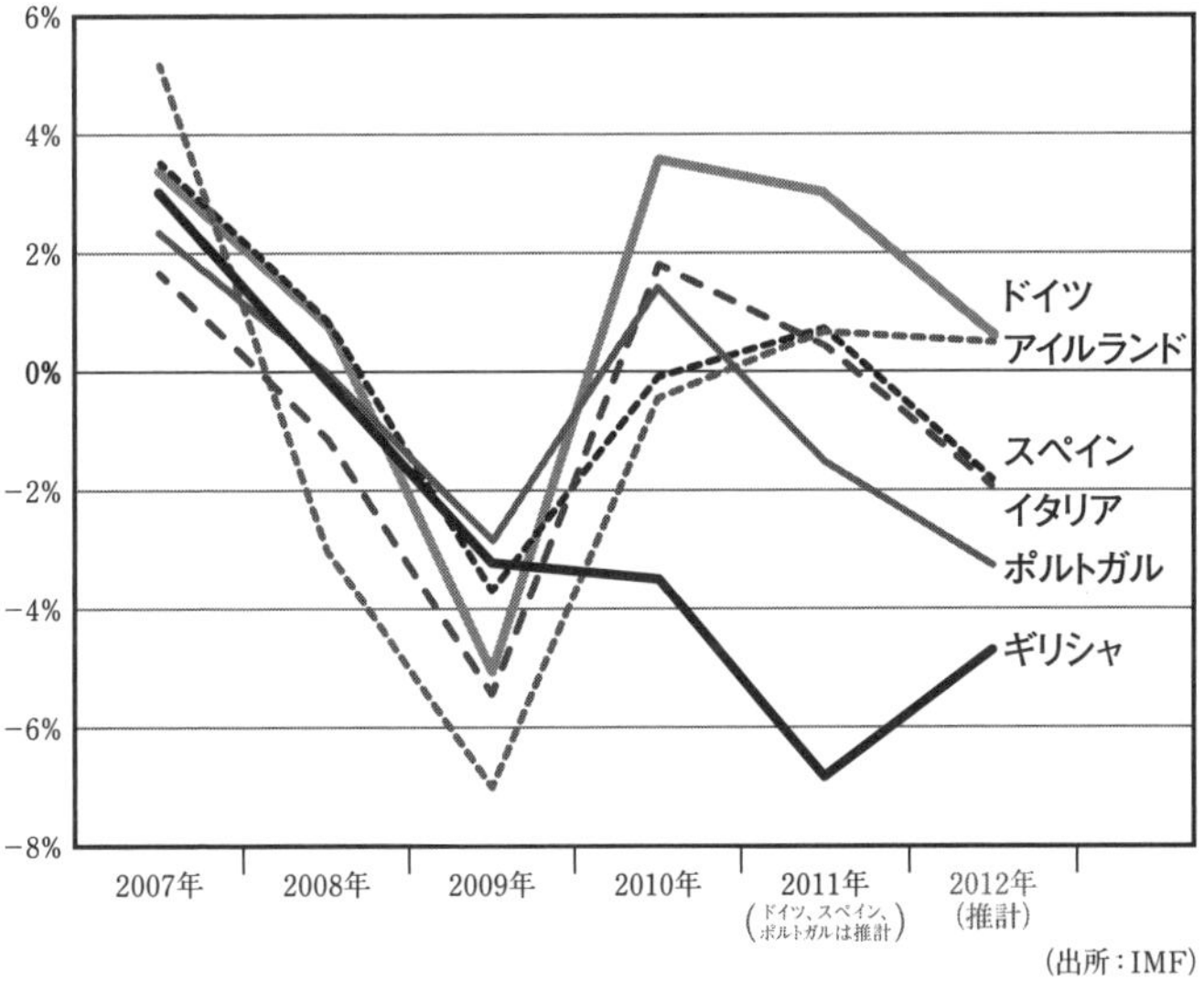

（出所：IMF）

主なユーロ諸国の格付け

AAA	AA+	AA	BBB+	BB	SD 選択的デフォルト
フィンランド オランダ ドイツ	オーストリア フランス	ベルギー （日本はAA−）	イタリア アイルランド スペイン	ポルトガル	ギリシャ

（出所：S&P）※格付けは2012年5月9日時点。

ニズム。2012年7月設立予定）という2つの金融安定網を当面併存させる方向でほぼ落ち着いてきています。

その一方で、各国首脳陣は選挙においてより厳しい局面に立たされるという状況になっています。たとえば、ユーロ加盟国の中で最も負担を強いられることになるドイツはユーロ圏共同債の導入に反対の立場を崩していません。

したがって、ユーロという制度自体が抱える基本的矛盾に対し何らかのメスを入れるための方策を見いだすべく、今後もメンバー各国間で議論を重ねていく必要があるわけです。そうした議論から根本的進展が図られるということがなければ、いまだ続く深刻な事態が収束に向かうことはなく、2012年以降も必ず再発を繰り返していくことになるでしょう。

ユーロ危機を解決するための3つの方策

欧州ソブリン危機はギリシャやイタリア、スペインなどの問題からドイツやフランスへと延焼しており、小康を得ているとはいえ、まだまだユーロ崩壊も視野に入れなければならないような状況です。

２０１１年11月23日、ドイツ政府が実施した10年物国債の入札が札割《ふだわ》れとなり、ユーロ導入以降で最も低調な結果に終わりました。その後も、ユーロ圏のソブリン債市場は不安定な局面を何度も迎えています。

早く手を打たないとユーロ崩壊もありうるというのが現況で、打つ手としてはもはや次の３点をできれば同時に実施する以外に道はないというように私は考えています。

第一に挙げられるのは、１兆ユーロ程度の規模でしかない金融安全網を少なくとも２～３倍程度に早急に拡充するということです。

第二に、ある意味での財政統一化を図るユーロ圏共同債の発行を実現し、金融・財政・通貨のすべてをユーロ圏で一本化していくということです。

第三に、ＩＭＦ（国際通貨基金）がユーロ圏を応援し支えるために全面的に協力していくことが明示され、米国はもちろんのこと、日本や中国などからも危機抑止の原資が積極的に拠出されるということです。

ＩＭＦの関与については、ドイツなど欧州各国が他国の危機に自国の税金をつぎ込む際に予想される国民の反発、すなわち選挙を気にしなくていい点にメリットがあります。

ただし、そのIMFを、G20（主要20カ国・地域）、とりわけ巨額の外貨準備高を持つ中国や日本がどれだけ支えていくのかが大事になってきます。米国がどう政治的なリーダーシップをとっていくのかというのも当然ながら重要です。

しかし、基本的には世界全体がユーロの存在をなくてはならないものとして認識することがマストなのだろうと思っています。

ユーロ崩壊は世界恐慌の引き金

今後、前述の3点を同時に実施するにはユーロ圏各国の政治家に相当レベルの胆識がなければなりません。ポピュリズム（大衆主義）に走り自国の選挙民のことだけを考えるようであれば話がまとまっていく方向になるはずもなく、ユーロ崩壊は現実のものとなっていくでしょう。

たとえば、イタリアでは今、財政赤字削減に消極的だったベルルスコーニ首相に代わり、ＥＵ（欧州連合）の執行機関である欧州委員会委員だったマリオ・モンティ氏が首相を務めています。

ギリシャでも、２０１０年まで８年間ＥＣＢ（欧州中央銀行）の副総裁を務めたルーカス・パパデモス氏が首相となっているように、政治以外の世界でキャリアを積んだテクノクラートが、選挙で選ばれたリーダーと交代しています。

こうした人達が最後に何を成し遂げることができるのかについては、胆が据わっている人物か否かが最も大事な問題であるということです。

というのも、ギリシャの問題がポルトガル、スペイン、イタリアに飛び火した場合、ユーロ加盟国のどの国の負担が最も大きいのかといえば、それは結局ドイツとなり、負担率は各国間で大きな差が出てきます。

そうなりますと、ドイツ国民は「なぜ、ギリシャのために我々がそれほど負担しなければならないのか」、「なぜ、ＰＩＩＧＳのために我々が……」と反発するわけで、そのドイツ国民により選出されるドイツの政治家は非常に厳しい状況に置かれます。

ドイツがこのような犠牲を払いきれるのかといえば、非常に難しいことです。政治家である以上、票を意識せざるをえない一方で、この危機を克服しなければ、欧州統合の理想は無に帰すということで、二律背反となります。

ユーロは何とか存続するのではないかという人もいますが、そういう人達の議論の背景には存続させたいという気持ちが強くあると思われ、ロジカルに考えるならばユーロというコンセプトの存続はもはや難しいと言わざるをえないのではないでしょうか。

仮にユーロ崩壊が現実のものとなってくれば、リーマン・ショックの比ではない大きさで世界経済に衝撃が走るでしょうし、まさに世界恐慌の引き金になる可能性すらあると考えています。

ユーロ危機は銀行破綻、金融恐慌につながる

ユーロ問題は当然、南欧諸国の国債をたくさん保有する欧州の銀行の財務破綻につながり、金融恐慌の引き金になりかねない側面も持っています。

すでに２０１１年秋には、フランス・ベルギー系金融サービスグループであるデクシアがベルギー政府によって国有化されました。

欧州の金融機関は皆、〝毒まんじゅう〟すなわちPIIGSの国債をはじめとした債券を大量に保有していますし、あるいは相互間でPIIGSにある銀行債や株式を抱えています。そうした金融機関のポートフォリオが毒まんじゅう化するような状況になるのは目に見えているわけですから、問題はデクシアだけにとどまらないと捉えるべきでしょう。

多額の不良債権を抱えた欧州の金融機関を救済するための機関として、EFSFやESMといった金融安全網の能力をどれだけ拡充できるのかが一つのポイントになるのは事実ですが、そうした対処だけでは追いつかないのではないかと私は見ています。

この大問題は現在小康状態ですが、デクシアの破綻を前兆にして、今後出現してくるであろう問題金融機関を、各国政府が果たしてどこまで救済し続けていくことができるのかはクエッションマークです。

欧州の銀行に対しては相当量の資本増強を行なう必要性があり、その資本をどこから入れるのかが問題となっています。

中国や日本、あるいはアラブ・中東の産油国の一部が資金を拠出するということがなければ、とてもじゃないが欧州だけでは資本増強に応えられないと思われ、問題はそれほどまでに深刻化しています。

毒まんじゅうをポートフォリオに組み込んだ場合の厳しさは、もちろん日本にとっても対岸の火事ではありません。日本の個人投資家の間で人気があったソブリンファンドなどがどのくらい毒まんじゅうを抱えているかによって、投資家が大損する事態に陥るということも我々は想定しておく必要があります。

金融機関の世界的再編が始まる

ユーロ危機が日本に与える影響は、為替が最も直接的といえるでしょう。2012年の為替市場は、1ユーロ＝97円台という約11年ぶりの円高・ユーロ安の進行で幕を開けました。対ドルでも1年4カ月ぶりの安値をつけたユーロは、1ユーロ＝1・2ドルを割るところまで売られるのではないかといった話も出ていました。

他方ではイタリアの銀行最大手ウニクレディトの株価が、株主割当増資の新株発行に際して50％近く暴落するという状況で、ユーロを取り巻く環境は年初から非常に激しく動いてきました。

欧州ソブリン危機を解決するにはドイツの妥協が不可避であるのは言うまでもありませんが、独仏首脳会談後の共同会見などでもドイツのメルケル首相はギリシャに対して非常に厳しい態度で臨んでいます。

そうした状況が続くと、最終的にはギリシャから始まって、いくつかの問題国がユーロから離脱することになるか、あるいはユーロというコンセプト自体が崩壊する可能性もあります。

私は、２０１２年の年賀式でわがＳＢＩグループ全役職員に対し肝に銘じてもらいたいことの一つとして、

「世界経済は当面混沌としており、その中で大きな業界の再編成なども起こりやすくなります。とりわけ、金融業界は世界中で業界勢力が一変する可能性があります。我々のチャンスはそこにあるのです」

と述べました。欧州の金融機関が持っている良質なアセット（資産）をバーゲンセールで安く買うことができる絶好の機会だからです。

ウニクレディトのみならず財務危機が金融危機と一体化していく中で、欧州の金

融大手をはじめとして世界中を覆い尽くすような大問題にもなりうるでしょう。

それはとりもなおさず、欧州の銀行に対して公的資金を何らかの形で注入せざるをえないということであり、仮に注入されるとなれば今度は世界的な金融規制の強化につながっていく可能性があります。

したがって、これから欧州発のさらなる金融規制の強化が世界規模でなされ、日本の金融機関にも非常に大きな影響を与えてくるでしょう。特に銀行に対して大変な影響を及ぼすようなことになっていくのではないかというふうに私は考えています。

論点7

米国経済は「日本化」しない

改善の兆しが見える米国経済だが…

暗雲が晴れないユーロ圏に対して、世界のGDP（国内総生産）の約20％を占め、世界経済の中心に位置する米国経済には一部改善の兆しが見えています。

2011年10月までの約2年半、ほぼ9％台に高止まりしていた失業率も、11月以降、8％台に下がり、2012年1月の非農業部門新規雇用者数は景気回復の目安となる前月比プラス20万人を超えて、24・3万人に達しました。失業率も8・3％まで低下しています。

２０１２年に入っても、米国の各民間企業の業績は比較的堅調に推移しており、1月の雇用統計の改善もあってNYダウはリーマン・ショック前の水準である1万2860ドル台を超え、1万3000ドル台に回復しました。

ドル安で潤う米国グローバル企業の好業績や株価の勢いを見ていると、米国経済の二番底の懸念については少し後退したのではないか、といった印象を持つこともできるでしょう。

しかし、主に製造業の生産活動を示す鉱工業生産指数は２０１１年11月にマイナスに転じるなど、1％にも満たない微増で推移しており、本格的な景気回復とはとてもいえない状態にあります。

さらに、住宅価格には底割れの兆しが出始めており、全米10都市の中古一戸建て住宅の価格を指数化したS&Pケース・シラー住宅価格指数は２０１１年を通して、前年比マイナス3～4％の落ち込みが続きました（**図13**参照）。

２０１２年も同じように下落が続いて、住宅市場が底割れするようなことになれ

図 13 米国の住宅価格の推移

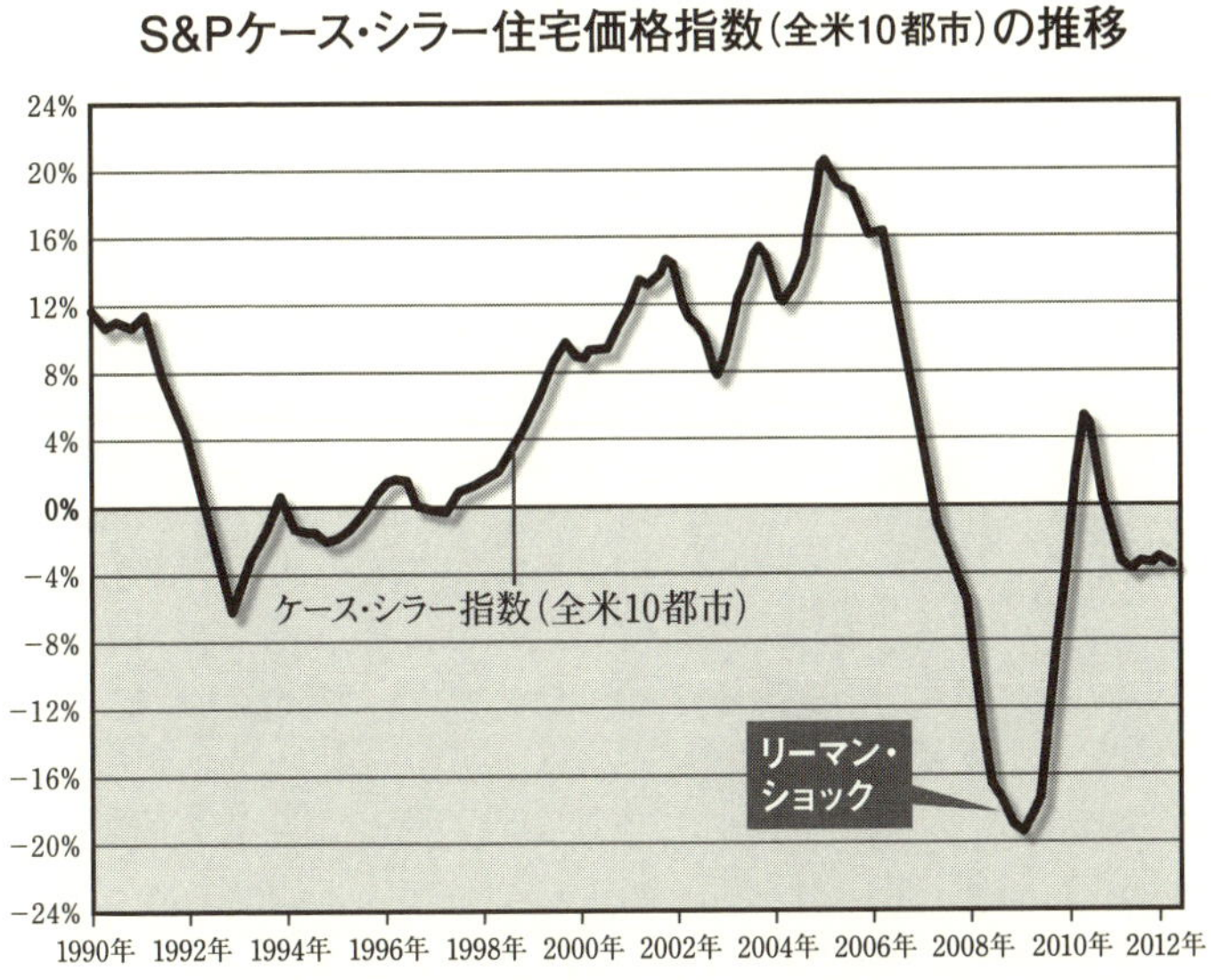

米国の住宅価格は今もって前年比3〜4%の下落が続いている。

（出所：S&P）

ば、せっかく今まで鎮静化していたサブプライムローン絡みの不良債権問題が再び大きくクローズアップされるような状況になるでしょう。

オバマ政権はこれ以上は財政赤字を拡大し続けることができないようなギリギリのところまできていますし、金利も下げるところまで下げたという状況です（**図14**参照）。次に打つ手が見いだせない中で、ひょっとしたら2012年に米国経済が再び失速する可能性がないとは言い切れません。

米国の景気回復の妨げになっているのは、やはり議会と大統領との間の確執とも言うべきもの、つまり「上院と下院の民主党と共和党の議席数の〝ねじれ〟現象」です。それゆえに、オバマ大統領も思うような経済刺激策を打つことができません。

米国のGDPの約7割を占める個人消費は、リーマン・ショック前までは株式や住宅の価格上昇といった資産効果によって長年牽引されてきました。

現在はそうした状況がまったく期待できず、貯蓄率が増加するのみで、その結果として経済成長率が低下しています。

QE2（量的緩和第2弾）の実施でさまざまな資源・食料価格の高騰などがグローバルにもたらされたことにより、米国がQE3（量的緩和第3弾）に踏み切るのがな

図 14 米国FRBによる金融緩和

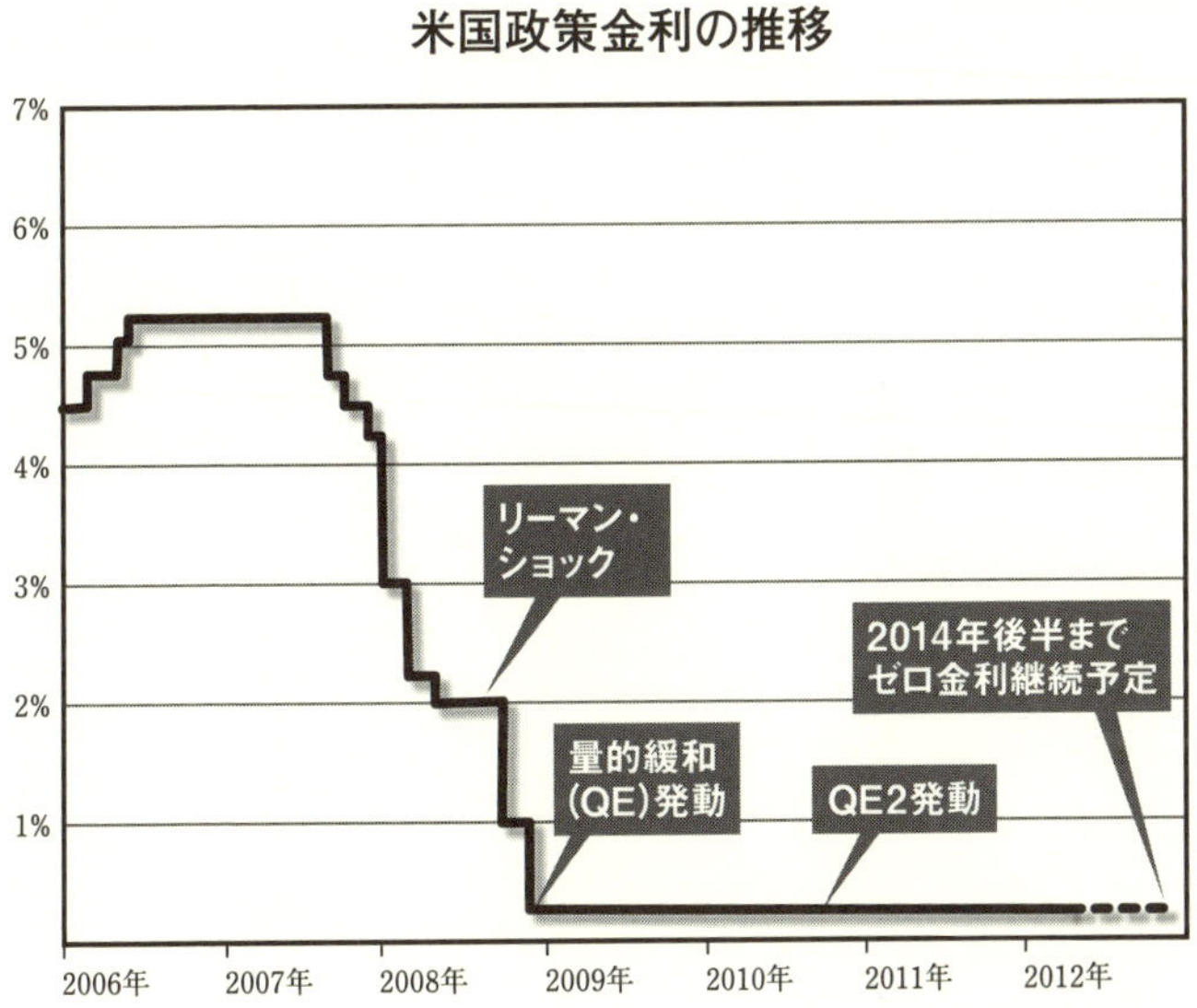

（出所：FRB）

かなか難しい環境下にあるということもまた考慮せねばならず、今後の景気浮揚が困難を極めているわけです。

米国経済の「日本化」に注目が集まっている

最近の米国経済については、その「日本化」が盛んに論じられています。

2011年10月に来日したノーベル経済学賞受賞者のポール・クルーグマン氏も、『グローバル経済の現状と今後の動向～「流動性の罠」に陥った世界～』という演題で講演を行なっています。

その中で、米国は経済が長期低迷する「日本化」の困難に直面しており、財政・金融両面でもう一段の景気刺激策が必要と指摘しています。

米国の金融政策は機能不全となり、かつての日本と同じように、いくら金融緩和を行なってみても、まったくと言っていいほど設備投資や民間消費が反応しないという、いわゆる「Liquidity Trap（流動性の罠《わな》）」に陥っているのです。

「日本化」については、日本経済新聞（2011年9月27日付朝刊「大機小機」）も日本の「失われた10年」の原因を振り返りつつ、「バブル崩壊にともなうバランスシート調整（＝企業の過剰債務、銀行の不良債権問題）とデフレという2つの困難に直面」していたことを指摘しています。

私自身も「バランスシート調整とデフレ」が「日本化」の具体的事象と捉えており、後者の「デフレ」については、米国でもそのような方向に行くのではないかと案じています。

米国には日本にはない活力がある

ただ、「バランスシート調整」についていえば、米国企業のほとんどではキャッシュが大幅に増加しており、企業のバランスシートはそれほど痛んではいないのです。

また、銀行のバランスシートについてもリーマン・ブラザーズの経営破綻後に十分強化されており、比較的健全な状況にあるわけですから、一概に「日本化」といっても日米の状況にはかなりの相違があります。

さらに言うと、少子高齢化問題に直面し人口減少時代を迎えている日本に対し、米国の推定人口は年々0・9％程度増加しており、積極的な移民政策によって米国は活力のある状況をつくり出しています。

かつて80年代の米国は、日本の製造業に地位を奪われたり、あるいはロックフェラーセンターなど米国を象徴するようなものが日本勢に次々と買収されたりと大変厳しい時代もありました。

しかし、90年代に入ってインターネットやバイオテクノロジーといった、いわゆる「ポスト・インダストリアル・ソサエティ（脱工業化社会）」にふさわしい新産業を見事に興してきました。

パソコンに代わってスマートフォンやタブレット端末といったものが主流になってくる中で、それら新産業に対する需要は非常に強く出てくると思われます。今後も世界中で経済の活性化に貢献していくさまざまなものが、結局〝米国発〟ということになるでしょう。

したがって、これまで述べた点から考えてみても、日本とは多くの面で異なった米国という国が「失われた20年」を経験するというようなことには、おそらくならないのではないかと私は見ています。

もちろん、リーマン・ショック以降、ドルを基軸通貨とする〝パックス・アメリカーナ（米国の覇権がもたらす平和）〟終焉の序章が始まっているのは確かなことでしょう。

しかし、米国自体がかつての日本のように凋落《ちょうらく》していくかというとそうではなく、日本のようにデフレ状況が長期に続いていく形にはならないと思います。

論点8

中国は4つのリスクを抱えている

インフレと不動産ミニバブルが最重要ポイント

低迷する欧州や米国、そして日本などの先進国を尻目に躍進の続く中国経済について は、どのように考えるべきでしょうか。

中国経済の今後の動向を考えるうえで当面最も重要なポイントになるのは、インフレ率がどうなっていくのか、そして不動産のミニバブルがどうなっていくのかということです。

中国をはじめとした新興諸国ではリーマン・ショック後、大胆な財政政策によって内需拡大を図り、これまで世界経済を牽引してきました。その過程でインフレという病に侵され始めてきており、中国の場合は特に不動産を中心としたバブルが盛んに指摘されています（132ページの**図15**参照）。

あらゆるコモディティ（商品）価格がリーマン・ショック以前の水準近くまで上昇しており、賃金の上昇も加わる中でインフレという病に本格的に取りつかれ始めてきているのです。

インフレに対処すべく中国は、これまで金融引き締めという薬を処方してきました。しかし、それだけでは不十分なうえ米国などからの外圧もあることから、今度は為替管理を徐々に緩めてきており、人民元が少し高くなり始めてきているといった状況です。

中国の病状は重病段階というわけではありませんが、成長に陰りが見え始めてきているというように私は見ています。しかし、インフレが進むと社会不安が起こってくる可能性もあると考えられます。

中国のCPI（消費者物価指数）を見ますと、2010年11月に5・1％（前年同月比）と2008年7月以来の高水準となり、2011年の後半には5カ月連続で

図 15 中国のインフレの推移

中国の消費者物価指数（CPI）の推移

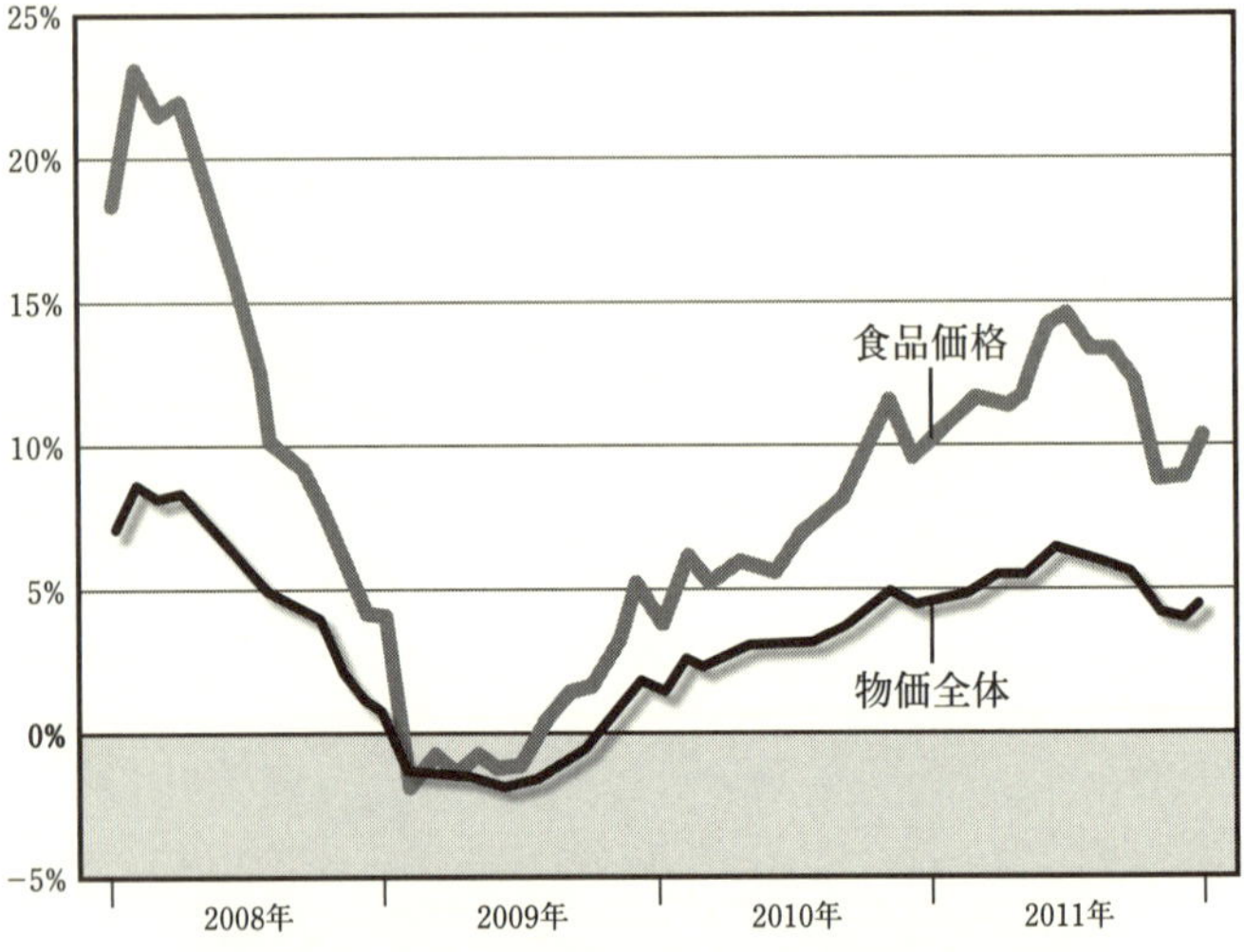

度重なる金融引き締めで中国のインフレ率は鈍化しているが、依然として高い水準で推移している。

（出所：中国国家統計局）

鈍化したものの、2012年1月には春節（旧正月）の消費需要などもあり、再び前年同月比4・5％まで上昇し、依然として3～4％のインフレ率が続いています。

中国は為替政策を変更してインフレに対処すべき

本来なら、インフレ阻止のために最も有効な措置は為替政策によって元高にしていくことであって、まずは元安維持のための為替管理を撤廃し、その後に必要に応じて金利の引き上げを考えるのが順当です。

元を強くすることによって、すべての輸入物価を下げるというのがインフレ対策として最も大事なことだからです。

ただ、現在の中国は、輸出のために為替をコントロールしたうえで、インフレに対処しなければならないという非常に難しい状況を自ら招いてしまっています。しかし、今後どこかのタイミングで中国が為替についての考え方を大きく変える転機が来るのではないでしょうか。

では、中国が為替管理を緩めた場合に輸出はどうなるのかといえば、大打撃を受けることはないと思います。

なぜかというと、中国の輸出の多くの部分は多国籍企業のアセンブリー（組み立て）で中国生産拠点からの完成品なので、為替管理を緩めたからといって、そうした多国籍企業はすぐには生産拠点を移せないからです。多国籍企業にとって中国は世界最大の消費市場でもあるのです。

やはり、まずは為替管理をやめ、インフレを抑えるという政策が今の中国にとって最も大事なことなのです。

米中の貿易バランスはまったく改善の兆しが見られず、米国の対中赤字は2011年、前年比8・2％増の2954億ドルと過去最高を更新しました。このような状況を今後も続けていけば、米国経済の回復を遅らせることにもなるのです。

米国経済が回復することにより中国の米国向け輸出が再び増加することになるという意味においても、中国は為替への対処をしなければならないでしょう。

中国政府がインフレ圧力に押されて徐々に元の弾力化を実施し始めているのは周知の通りですが、元高進行のペースはきわめて緩慢です。

インフレ抑制と世界経済減速というジレンマ

中国はこれまで利上げや銀行の預金準備率の引き上げ、不動産投資の抑制など、金融・金利政策でインフレへの対応を行なってきました。

大手銀行に適用される預金準備率は過去最高水準の21・5％に達していましたが、2011年末には0・5％引き下げられ21％になりました（136ページの**図16**参照）。世界経済の減速をにらんで、今後も引き締めた金融を多少緩める政策が出てくる可能性は高いでしょう。

中国をはじめとしてインフレ抑制に相当努めてきた新興国では、利上げ打ち止め感もだいぶ出始めてきています。

ブラジルなどは2011年8月末の金融政策決定会合において政策金利を12・0％へと0・5％引き下げ、およそ2年ぶりの利下げに踏み切り、10月にはさらに11・5％にまで引き下げています。

また、インドは2010年3月以降13回目の利上げを2011年10月に実施しましたが、世界の経済情勢を受け、打ち止め感も出てきています。

図 16 中国の金融引き締め動向と人民元

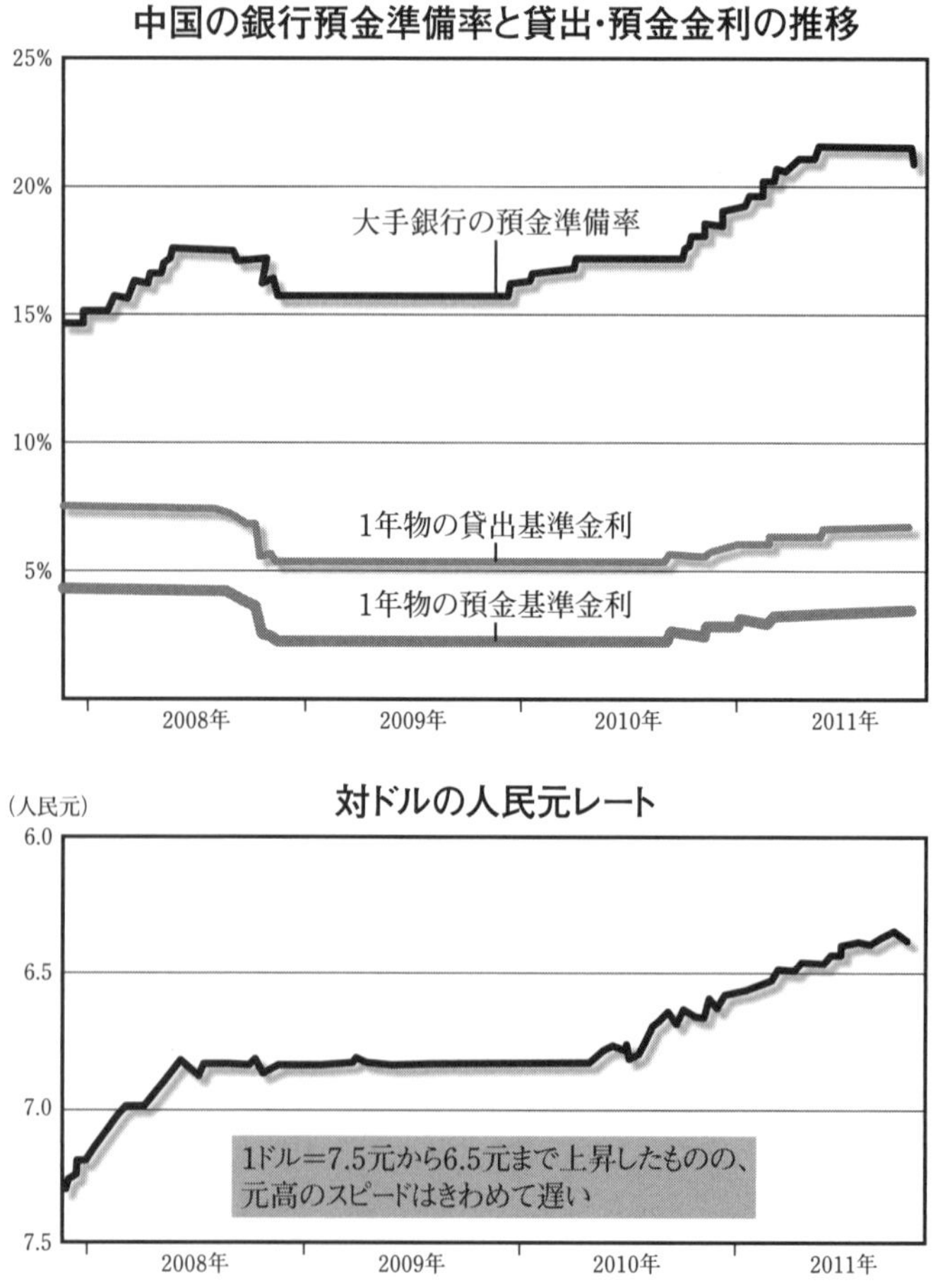

(出所：中国国家統計局)

そうなってきますと、新興国経済は欧米の経済成長鈍化により輸出が大きく落ち込まなければ少しずつ回復してくる可能性もあり、そうなれば流出した先進国の資金が新興国に再度流入するようになるでしょう。

先進国と新興国とは、経済的には貿易や資本の移動を通じて相互に深く関連しており、強く影響し合っています。

たとえば中国の輸出も、先進国の経済状況が悪化してきている中では停滞していかざるをえず、そうすると中国の経済成長率もスローダウンしていく可能性があるわけです。

一方ではインフレ抑制に向けた金融引き締めが求められ、もう一方では景気減速への対応を迫られるというようなことで、各国政府とも引き続きなかなか難しい経済運営の舵取りを迫られています。

不動産バブル崩壊は心配しなくていい

インフレと並んで懸念されている不動産のミニバブルについては、しょせん中国の不動産というものは土地が付いていない上物（アパートの部屋や住宅）だけの世界です。

そのため、直ちに不動産価格の大暴落につながるわけではありません。家賃が上昇傾向にある中でアパートの所有者が部屋を貸すという行為に経済合理性がある限りは売却に走ることはないので、かつて日本が経験したような大きなバブルの崩壊という形にはならないと私は考えています。

中国はミニバブルに対処すべく抑制的な金融政策をとっています。ただ、今の中国経済を考えてみますと経済成長率は十分に高いように見えますが、今後内陸部における本格的な経済成長を支えていかなければならない中で、あまりにも早くから金利を引き上げるのは中国経済の今後にとってよいことではないでしょう。

内陸部の経済成長により内需を拡大していくという国策の下、それがせっかく盛り上がりを見せる中では、利上げを行なうにしてもわずかずつ段階的なものとなるでしょう。

基本的にはやはりできるだけ大きな利上げを実施しない方向で、インフレ鎮静化が確認されれば早期に利下げで行くべきではないかと私は思います。

世界的な民主化のうねりは伝播《でんぱ》するか

インフレや不動産バブル崩壊が危惧される中国ですが、現在の世界の経済情勢を考えると早晩収まるでしょう。

他方、潜在成長率は依然として8％程度と高水準で、基本的にはまだまだ経済成長率は高く推移し、多少のスローダウンは見込まれますがそれほど大きなものとはならないでしょう。

むしろ中国が今後も警戒すべきは、2010年12月にチュニジアで起こった「ジャスミン革命」を発端にして中東と北アフリカ地域を合わせたMENA（ミーナ）諸国を席巻している民主化のうねりというものが中国国内においてどのような展開を見せていくのかということです。

今、私が一番危惧しているのは世界規模でのうねりの中、中国にこの民主化の動きが伝播し、かつての「天安門事件」のようなことが再び起こるのではないかということです。

中国においては天安門事件の頃から民主化の動きがずっとくすぶり続けてきてお

り、あの劉暁波《りゅうぎょうは》氏による2010年のノーベル平和賞受賞により表面化しました。今後も民主化の動きについては注視しなければならないことです。

米国誌タイムは2011年の「パーソン・オブ・ザ・イヤー」に、アラブ世界に変革をもたらした民主化要求デモや欧米での反格差社会デモに敬意を表し、「プロテスター（抗議する人）」を選びました。

中国にはプロテストしたい人間はたくさんいるのでしょうが、昨今多少のスローダウンはあるにしても8％前後の経済成長率で推移している限りにおいては、プロテスターの数は知れています。

高度成長を遂げている中では格差の歪《ゆが》みといったものは表面化しません。しかし、一度そうした状況が崩れれば、一気にいろいろな問題が現出し、プロテスターの数は急増していくことになるでしょう。

中国という国は経済成長を持続できなければ、さまざまな面で非常に危険な状況に陥ってしまいます。それは、たとえば中東の民主化運動「アラブの春」の伝播でもあるでしょうし、ひょっとしたら北朝鮮発の民主化の動きかもしれません。

そうしたことを考えると、中国政府としてとるべき政策は、現在のところ政治の民主化は難しいでしょうから、やはり成長政策以外に何もないわけです。

ネット検閲で国民の不満を抑えるのは不可能

中国では反政府デモを抑えるために、世界中で隆盛を極めているSNS（ソーシャル・ネットワーキング・サービス＝交流サイト）をはじめとしたソーシャル・メディアの規制を強化するなど、厳しいインターネット検閲を実施しています。しかし、今の中国はそのようなことで情報の拡散・流入が阻止されるという世界ではもはやありません。

現在、中国は国をかなりオープンにしており、多くの中国人が海外にどんどん渡航し、多くの外国人が中国に入国しています。当然、さまざまな情報が中国国内に流入してくるような状況にあります。

それゆえ、中国政府も民主化のうねりが中国へ本格的に伝播することに対し神経をとがらせています。仮に中東諸国で見られたような動きに発展するならば、中国政府は再び大規模な軍隊による武力鎮圧に乗り出すことと思われます。

基本的には中国が民主化されるのは結構なことですが、昨今の世界的潮流の中で現在の政治体制が崩壊するということにでもなれば、世界経済に対して相当大きな打撃を少なくとも短期的にはもたらします。

2011年9月、私は世界経済フォーラムが主宰する「サマーダボス会議」に参加すべく大連を訪れました。その会議において、我々からしてみれば大変な驚きを覚えるような言葉が、温家宝《おんかほう》首相自身の口からプライベートトークの質疑応答の場で大勢の出席者を前に発せられました。

いわゆる国民の権利としての参政権の問題や討論の自由といったことを想像させるような「政治の民主化」に関連する発言がなされたのです。

これまでの発言といえば汚職摘発やインフレ撲滅というものであったことからすれば、その意味は非常に大きいといえるでしょう。こうした政治の民主化に向けた動きの背景には、急速な経済発展がもたらす社会のひずみや国民の不満があります。

2011年7月には中国浙江《せっこう》省で高速鉄道の追突・脱線という事故が起こりました。その際に、鉄道当局がいったん地中に埋めた事故車両をネット上の激しい批判を受けて掘り返すという信じ難い対応が、世界中の注目の的になりました。

さらに、そのわずか2カ月後の9月、今度は270人以上が負傷した地下鉄追突事故が上海で起こったということもあって、やはり国民の不満というものが相当噴出してきています。

2012年は、米国やフランス、ロシア、韓国で大統領選が行なわれる過去に例のない「政治の年」ですが、中国で秋の中国共産党全国代表大会において、胡錦濤《こきんとう》氏に代わって習近平《しゅうきんぺい》氏が国家主席に就任する予定です。

その習近平新体制下で民主化が進展するか否かが重要な論点として挙げられますが、今回の温家宝首相の発言を聞いた印象からいえば、民主化を進めていかざるをえないのではないでしょうか。

都市部と内陸部の格差も深刻な問題

中国は政治的な民主化以外にも、工業化の進む沿岸の都市部と依然として貧しい農村が広がる内陸部の経済的な格差が社会騒乱の原因になりつつあります。

都市部と内陸部の所得格差の是正のためには、「農村の都市化」が急がれます。

総人口に対する都市人口の割合を見ますと、１９００年当時の中国ではだいたい25％であったといわれています。それが今やおよそ45％となり、そしてこの新しい都市化に向けた政策を終える２０３０年にはおそらく70％を超えてくるであろうと推測されています。

現在、中国の都市部と内陸部の所得格差は３・5倍以上（教育や社会保障の差を考慮すれば6倍以上）あるといわれていますが、都市化を推し進めることによって格差をなくし、社会不安につながるリスクを大幅に減少させることこそが中国の今後最大のテーマであると私は考えています。

また、中国は50を超える民族を抱える多民族国家ですから、そうした意味でも都市化を徹底推進する必要があります。総人口に対する都市人口の割合を２０３０年に70％にもっていくとしていますが、前倒しで実現するぐらいのことを考えるべきではないでしょうか。

欧州ソブリン危機が今後もくすぶり続けて爆発してしまった場合、中国としては外需に頼ることなく、まずは内需を大きく喚起するということを引き続き推し進めるべきでしょう。その際には、都市部と内陸部の経済格差を埋めるための新たな政治的な施策が行なわれることになるはずです。

中国以外ではインドネシアの躍進に期待できる

中国以外のアジアについても触れておきますと、インドネシアやマレーシアの経済発展というものに私は今、非常に注目しています。

特にインドネシアの場合は総人口が約2億4300万人（2010年7月時点）と世界第4位であることから、消費のマーケットとしても、今後は生産のマーケットとしても非常に重要です。

インドネシアとともにＶＩＳＴＡ（ベトナム、インドネシア、南アフリカ、トルコ、アルゼンチンの英語の頭文字をとった造語）の一角を占めるベトナムも注目国の一つです。

ただ、このベトナムについても常に警戒しているのは非常に高いインフレ率です。2010年に前年比9・2％増だったＣＰＩは2011年には18・6％まで急上昇しています。その点ではインドネシアのほうがベターで、2010年に7・0％増だったＣＰＩは2011年には3・8％台まで沈静化しています。

ベトナムについては、インフレをどのようにコントロールしていくのか、特に通貨ドンとドルとの関係をどうしていくのかが重要な問題の一つとしてあります。

この問題はベトナムのほかにもドルリンクしているような通貨圏、たとえばカンボジアなどの東南アジア諸国についても同じようなもので、ドルが弱体化する中で「自国通貨安・インフレ」を回避すべく相当な危機感を持っています。

しかし、それらの国々の経済成長率は世界的に見て非常に高いものです。日本が政治リスクなどから中国一辺倒という状況ではなくなっていく中、日本企業もそういった国々へどんどん進出していくと思われます。

論点9

「格差」は世界を覆い尽くす大問題

中東を発火点に世界に広がる抗議活動

格差や不平等に関する議論が世界中で熱心になされ、2011年9月に始まった格差是正を求めるニューヨーク・ウォール街発の抗議デモが世界各地に飛び火するといった事態になっています。〝富の偏在〟あるいは〝職の偏在〟は最近、特に拡大してきています。

2010年末にチュニジア、エジプトで起こった「ジャスミン革命」といわれる民主化のうねりも、仕事がない若者達が中心となって起きてきたものでしょう。

そのうねりは、反米独裁者として長年、北アフリカに君臨してきたリビアのカダフィ大佐の殺害にまで至り、同じくアサド大統領による強権政治が続くシリアの民主化運動とその弾圧は2012年も苛烈を極めています。

世界中に頻発する抗議デモの背景には、いったい何があるのでしょうか。

第一にやはり貧富の差という要因があると思われ、中東産油国は言うに及ばず、北アフリカ諸国においても貧富の差が非常に大きいということが一因であると私は考えています。

この地域における若年層人口の急増と、それにともない深刻化する失業問題が、貧富の差が拡大している背景としてあります。中東地域における30歳未満の若年層は人口のだいたい6~7割を占めており、学校を卒業しても職が簡単には見つからないような状況で、チュニジアでは年間8万人以上の大卒者のうち2万~3万人は就職できていません。

ILO（国際労働機関）のデータによれば、世界で最も若年層の失業率が高いのは

図17　世界の若年層の失業率

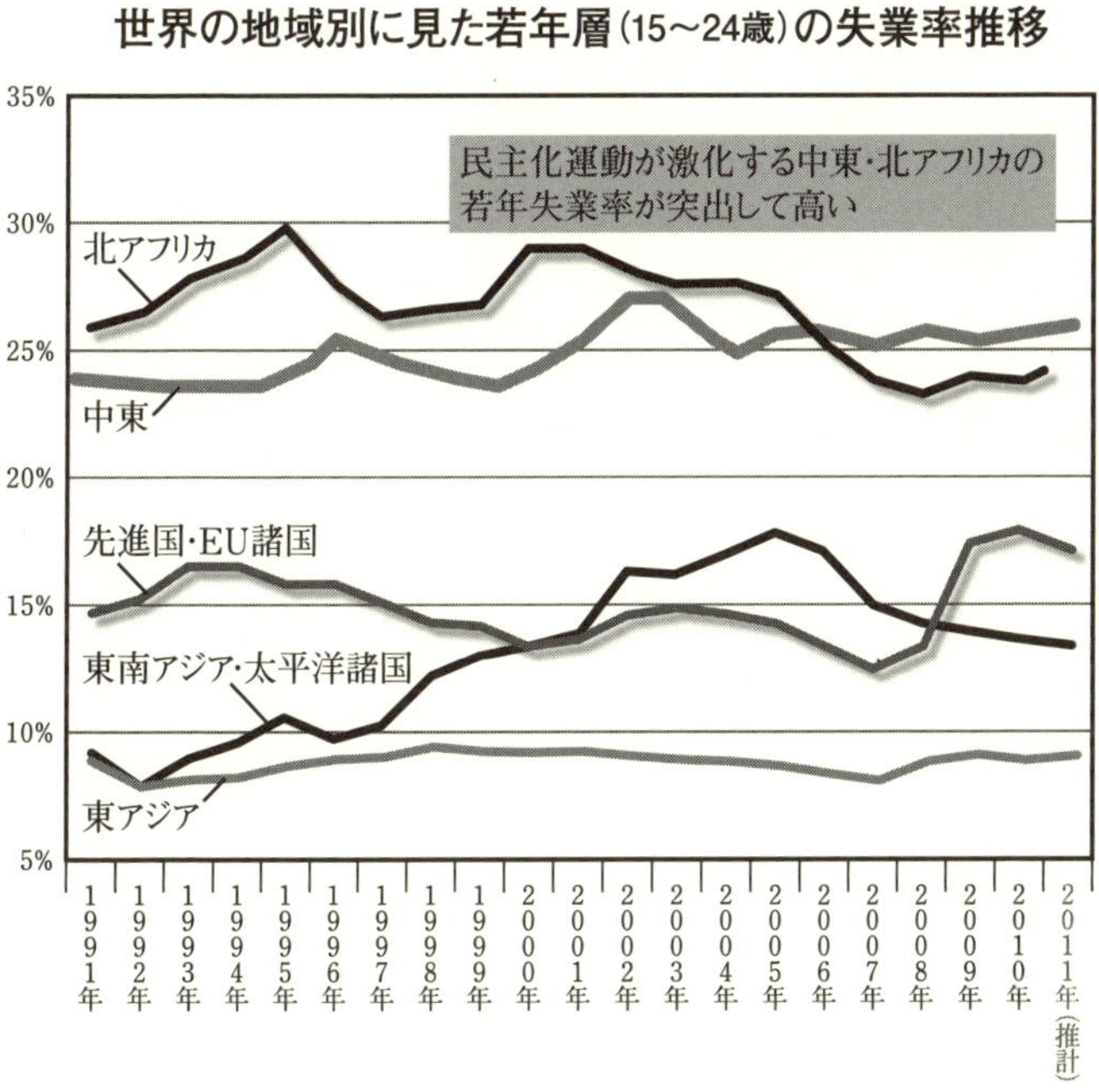

（出所：ILO）

まさにこの地域であり、中東は25・5％、北アフリカでは23・8％（2010年時点）（149ページの**図17**参照）。社会不安が起きやすい状況にあるともいえるわけです。

米国でも「ウォール街を占拠せよ！」運動が拡大

格差拡大というのは何も中東や北アフリカだけの問題ではなく、今や米国や日本、欧州、あるいは中国など新興国も含めた世界的な問題になってきていると認識すべきです。

OECD（経済協力開発機構）加盟国のほぼ4分の3にあたる国では、ここ四半世紀で貧富の差が拡大し、現在は世界で2億人を超す人々が失業しているそうです。

たとえば米国の状況を見ますと、2011年秋にはネット経由で、「ウォール街を占拠せよ！（Occupy Wall Street）」というムーブメントが起きました。ニューヨークのマンハッタンにある公園や地下鉄駅構内では、数百人あるいは1000人以上の学生や労働者が集合し、ウォール街に向かってデモ行進を繰り広げる様子が連日報道されました。

こうしたデモや抗議集会はニューヨークだけではなく、カリフォルニア州ロサンゼルス、ミズーリ州、オレゴン州、そして英国ロンドンでも発生しました。

マンハッタンでは、デモの発祥地であるウォール街近くのズコッティ公園から若者達が警察によって退去させられるなど小競り合いも起きていたようですが、今後も抗議の渦がいつ何時起こってもおかしくありません。

2001年のノーベル経済学賞受賞者である経済学者ジョセフ・スティグリッツ氏も2011年10月24日付の日本経済新聞の記事で、格差拡大の推移と原因に関して指摘しています。

グローバル化にともなう労働需要減少や労働組合の弱体化、従業員のリストラなどが要因となり、いきすぎた格差拡大が今、米国社会を至るところで歪《ゆが》め、社会基盤の不安定化をもたらしているという趣旨です。

世界中に格差社会と抗議活動が広がる要因

このような所得格差の拡大がなぜ起きたのかについて具体的に見ていくと、次の

4点が特に重要です。

第一に、グローバリゼーションの進展が雇用の動向に及ぼす悪影響、すなわち現在の日本でも加速している産業の空洞化が挙げられます。

つまり、グローバリゼーションが進展する中で雇用の機会は奪われ、近代経済学でいわれる「生産要素価格均等化法則」（自由貿易が貫徹されていれば生産要素〈資本・労働・土地など〉の価格は均等化されるという法則）に沿う形で賃金というのは低いほうにサヤ寄せされて減少していくことになるのです。

第二に、ＩＴ（情報技術）による技術の進歩がＩＴに長《た》けた労働者にとっては有利に働き、そうでない労働者との所得格差が拡大することになったということ。

第三に、労働に関する規制や制度の改革・改正で雇用の機会が増えても、低賃金労働者の流入で賃金格差が一段と広がりつつあるということです。

特に日本などは規制改革や制度改正を実施しアルバイトや派遣社員、契約社員などの「非正規雇用」を大幅に増やしてきましたが、いわゆる「同一労働・同一賃金」という形ではないため、格差が広がっていった部分もあるのではないでしょうか。

最後の第四は、労働による賃金以外の所得、つまり〝資本所得〟（株式配当金や預金利息などの所得）でも格差拡大が進展しているということです。

昨今のようなマーケット状況下では必ずしもそのようにいえない側面もあるとは思いますが、世界的には持てる者がますますお金持ちになっていくという傾向が出ており、社会を硬直化させている事実もあるでしょう。

このように格差が広がる不平等な世界において、「我々は99％だ」（1％の富裕層を批判する反所得格差デモのスローガン）というプラカードを掲げた抗議デモがウォール街で起こり、世界各地に飛び火するといった事態になっているわけです。

日本でも「一億総中流」の時代は終わった

「我々は99％だ」というプラカードを持っている人々の言い分を聞いていますと、「自分達はフェアに扱われてない！」「自分達は一生懸命に働こうと思っているのに働く機会を与えてくれない！」というように「フェアではない」を問題視する人が非常に増えていることを感じざるをえません。

そして、「我々は99％だ」と称する人々は、所得を再分配する最も直接的な手段である租税と社会保障給付といったものがうまく機能していないのではないかと指摘し、所得再分配機能も見直すべきであるという主張を展開しています。

米国のように「99％対1％」という状況ではありませんが、日本においても所得分配の不平等さを測る指数であるジニ係数が毎年上昇しており、貧富の格差は確実に拡大しているといえます。「一億総中流」といわれていたものが、今やまったくそうではなくなってきているわけです。

格差の問題は今後ますます重大化して、世界中を覆い尽くすことにもなりうるものですから、日本を含めた世界各国はさらなる格差拡大の進行を食い止める必要があります。そのためにはまず、この問題の深刻性をしっかりと認識すべきではないでしょうか。

第3章

2012年の論点

日本経済には追い風が吹いている

日本の「変化」に目を凝らしている世界の投資家

論点10

2012年、日本株は上昇する

世界的に高水準の過剰流動性が発生

欧州、米国、中国の現在の状況に加えて、2011年から続くMENA《ミーナ》（中東と北アフリカ）地域における民主化の動き、そして日本における原発事故による放射能汚染問題がもたらすさまざまな混乱などにより、先進諸国も新興諸国も、その金融経済情勢には不透明感が強く漂っています。

そのような中では短期的・中期的に見れば各国における緩和的な金融環境がドラスチックに変化する可能性は低く、世界的なマネーの過剰流動性状況が今後も継続するものと考えられます。何より米国FRB（連邦準備制度理事会）の信用供与が2011年6月末時点でリーマン・ショック直前の約3・1倍に拡大していることが過剰流動性の源泉になっています。

したがって、世界の趨勢《すうせい》からいえば、遅かれ早かれ世界的にインフレ傾向が増勢し、主要各国の長期金利は上昇していくと私は見ています。

これまでの状況を見てみますと、リーマン・ショック以後に発生した過剰流動性によってもたらされた資金がコモディティ（商品）市場に流入し、金をはじめとするさまざまなコモディティ価格を高騰させてきました。

しかしながら、コモディティ価格についても行き着くところまで行けばもはや上昇していくことはありませんし、仮にインフレが進行していくならば次は世界的に株価が上昇する局面に入っていくと思っています。

日本株の魅力を世界にアピールするキャラバン隊

FRBはQE2（量的緩和第2弾）で国債購入を行なうとした6000億ドルの枠

を、2011年6月末の期限まで7週間以上も残した5月第1週に、すべて使い切ってしまいました。

米国がその副作用を覚悟したうえで、今後QE3（量的緩和第3弾）に踏み切るのかどうかが世界の投資家の関心の的になっています。QE3は、十数年ぶりの上昇に沸いた2012年年初のNYダウをはじめ、世界中の株価の行方を左右する最大のイベントと言ってもいいでしょう（**図18**参照）。

1960年代において米国は、ベトナム戦争を拡大させ膨大な量のドルをばらまくことで、1970年代の世界的な過剰流動性相場の素地をつくり上げました。

過剰流動性と株価という観点から考えるならば、今後の世界景気のよしあしなどももちろん考慮しなければなりませんが、世界的に見て株式市場に資金が向かいやすい状況になっていく可能性は非常に高いのではないかと私は見ています。

そんな中、2011年11月26日付の日本経済新聞朝刊の『日本株売り込め、証券大手がセミナー』という記事によると、大和証券グループが約20年ぶりにキャラバン隊を結成。日本株を推奨すべくニューヨークやロンドンなど世界を回ったということです。

図 18　2011〜2012年の世界の株価動向

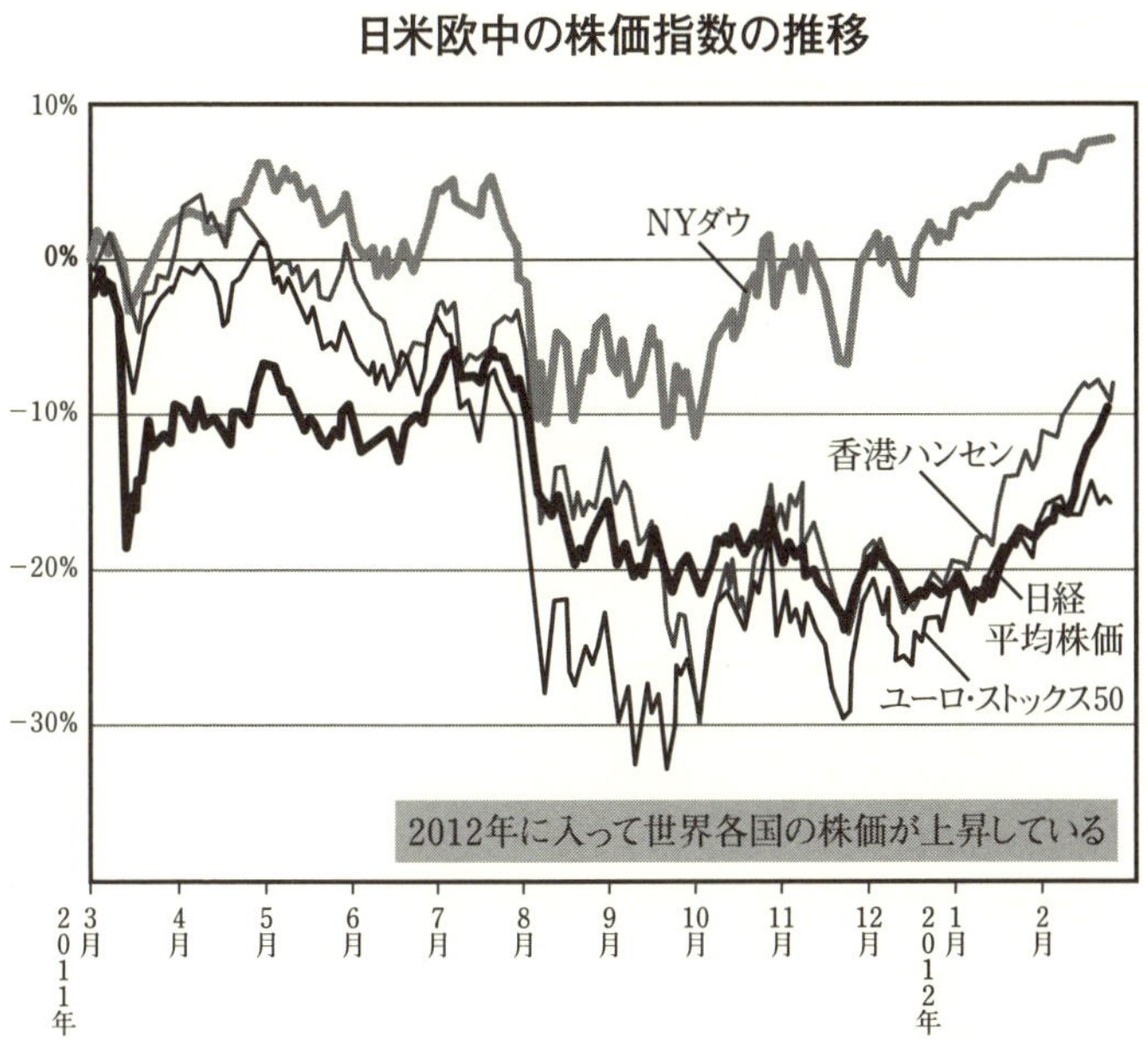

（出所：ブルームバーグ）

※左目盛りは2011年3月からの株価変動率。

かつて、原油価格が数カ月で4倍に跳ね上がった1973年のオイルショック時に、私の古巣の野村證券ではオイルダラーの還流に向けてキャラバン隊を組織し、私も3カ月おきに1カ月間程度をかけて欧州、中東、アジアと世界を何度も回ったという記憶があります。

第1次オイルショックと呼ばれるその当時を振り返ってみますと、世界中から巨額のお金がオイルダラーとして中東産油国に蓄積された後、この資金の一部は当然、投資資金としてロンドンやニューヨークに流れていきました。当時の野村證券は、この資金を日本に一部還流させるべきだと考えたわけです。

これはオイルダラーの還流が目的でしたが、今回のように純粋に日本株が割安になったということでキャラバン隊が結成されたというのは大いに結構なことです。

欧州危機の影響を受けにくい日本経済に吹く追い風

2008年9月のリーマン・ショックは、CDO（債務担保証券）やCDS（クレジット・デフォルト・スワップ）といったデリバティブ（金融派生商品）が膨れ上がり、そしてまたそれらが、サブプライムローンの証券化商品とともに細分化されエキゾチックに混ぜられた〝毒まんじゅう〟がつくられ、世界中に伝播する中で起こった現象です。

そして今度は「欧州ソブリン危機」の進行により、いわゆるＰＩＩＧＳの国債が毒まんじゅう化しています。

新興国にしても、欧州危機の影響から無縁ではいられません。新興諸国には欧州の金融機関から多額の資金流入が続いていたこともあって、その資金の本国回帰によって結構痛手を被っていることが鮮明になっています。欧州危機の影響で資金が流出したうえに、輸出も伸び悩むという二重の意味で新興諸国は苦境に立たされているのです。

では日本はどうかというと、こうしたソブリン債を多く抱えている日本の金融機関というのは比較的少ないのではないかと思われます。

日本はリーマン・ショック、欧州ソブリン危機のどちらのケースについても震源地から遠く離れているうえ、金融機関の外国債へのコミットが小さかったので、それ程の痛手を被らなかったのです。

また、先進各国は積極的な財政出動を行なうことが非常に難しい状況になってきていますが、日本は震災復興という大義の下で多額の公的資金が「真水」として出ていくのですから、そうした意味でも日本の状況はまんざら悪くはないのでしょう。

もちろん円高傾向は続いてはいますが、すでにメジャーな輸出企業は生産拠点のほとんどすべてを海外に移しており、業績に直結するネガティブインパクトが及ぼされるというものではありません。

日本は2005年から所得収支の黒字が貿易収支の黒字を逆転しています。かつてのように日本で製造したモノを日本から輸出するという時代はある意味、終焉を迎えているのです。海外の現地法人で製造し、そこから得られる金利や配当が拡大する中で、国際収支の経常収支のプラスがもたらされるというようなステージにあるわけです。

このように所得収支が経常黒字拡大をもたらし、また個人金融資産を背景に日本国債の約93%が日本の銀行を中心とした、さまざまな金融機関と個人や一般法人投資家により、国内で消化されているような国ですから、円も買われやすいのです。

外国人投資家は、今のところは「日本は大丈夫！」というふうに判断をしているのでしょう。

円高の修正が進んでいる3つの要因

２０１０年末以降、史上最高値を更新するような急速な円高が進み、２０１１年10月末には75円台を記録したドル円相場は、２０１２年３月に一時84円台まで円安が進行し、11カ月ぶりの安値をつけました。このようにわずかながら円高の修正が進んでいる要因の一つとしては、やはり円高をもたらしてきたデフレが今後解消してくる可能性があることが挙げられます。

日銀は２０１２年２月に、10兆円規模の追加金融緩和策とともに、「物価安定のめど」として当面年１％の物価上昇率を目指す方針を決定しました。

インフレターゲットに関しては昔からさまざまな議論があり、２０１２年１月に米国のＦＲＢもインフレ率２％の物価目標を導入していたわけですが、私も以前から日本もこの種の施策をデフレからの脱却のために採用していくべきであると主張し続けてきました。したがって、日銀もやっとまともな金融緩和の方向に動き出し始めたと今回の決定を評価しています。

いわゆる「双子の赤字（財政赤字と経常赤字）」という観点から説明できる円安要因もあります。

仮にイランをめぐる問題が深刻化し、原油価格が1バレル＝200ドルを超えてくるようなことになれば、日本の原子力発電所の停止にともなう火力発電向けの燃料輸入コストは膨大なものとなるでしょうから、それが経常赤字につながり「双子の赤字」となっていくわけです。

そうなってきますと、その国の通貨が強くなるはずがないことは過去の歴史がすべて証明していますから、多額の経常黒字により支えられてきた部分もある円は今後さらに弱くなるだろうと考えています。

ただし、東日本大震災やタイの大洪水などの一時的な要因によって経常収支が大幅に悪化した状態が定着していくというふうには考えていません。それでもやはり、日本の現況からいえば、貿易収支は赤字に向けて中長期的に動いていく趨勢に入っており、所得収支の黒字が貿易収支の赤字を上回って経常収支の黒字が保たれるという状況になっていくと思います。

最後に金利要因についても指摘しておきますと、仮に長期金利が上がり（国債価格が下がり）始めた場合、一時的には円は強くなるかもしれません。しかし、国債暴落を発端に日本の金融システムが壊滅的打撃を受けることになりますから、結果として円安ファクターとなるでしょう。

いずれにしても、超円高の是正は輸出企業にとって逆風から追い風への転換と当面はいえるのではないでしょうか。

割安な日本株が見直され株式相場は好転する

今、日本の株式市場というのは「超優良株」のPBR（株価純資産倍率）が0・7倍台であったり、まともな会社が0・3倍台とか0・4倍台であったりという信じ難い状況になっています。

しかし、これはいつまでも続かない構図であり、相場は今後好転していくのではないかと私は見ています。

日本株は2006年以降6年連続で世界株式に対してアンダーパフォームしてき

ましたから、ここへきて相対観で割安感が非常に強まってきている中で海外投資家の一部が日本株に注目し始めており、彼らの買いもある程度増えてくるのではないかというふうに感じています。

また日本株の過去のパターンからいえば、たとえば2000年以降の日経平均株価の推移を見てもわかる通り、2000年4月から2003年4月の3年間は下落して2003年4月から2007年7月の4年強は上昇、そして2007年7月から2011年11月の4年強は下落するというように、だいたい3~4年で一つの上昇・下降のサイクルがあるような気もしています。

おそらく2011年11月を底に2~4年程度の中期的な上昇波動に入っているのではないかと見ていますが、最大のリスクであるイランをめぐる緊張関係が今後さらに強まっていくということがなければ、日経平均株価は中期的に上がっていくと読んでもいいのではないでしょうか（**図19**参照）。

昨今、さまざまなヘッジファンドがいい加減な噂を流し、それを材料に彼ら自身は一生懸命に売りに動くという形ですから、海外発の「あそこの資金繰りは危ない」といった類いの情報には注意が必要です。

図 19 日経平均株価の中長期サイクル

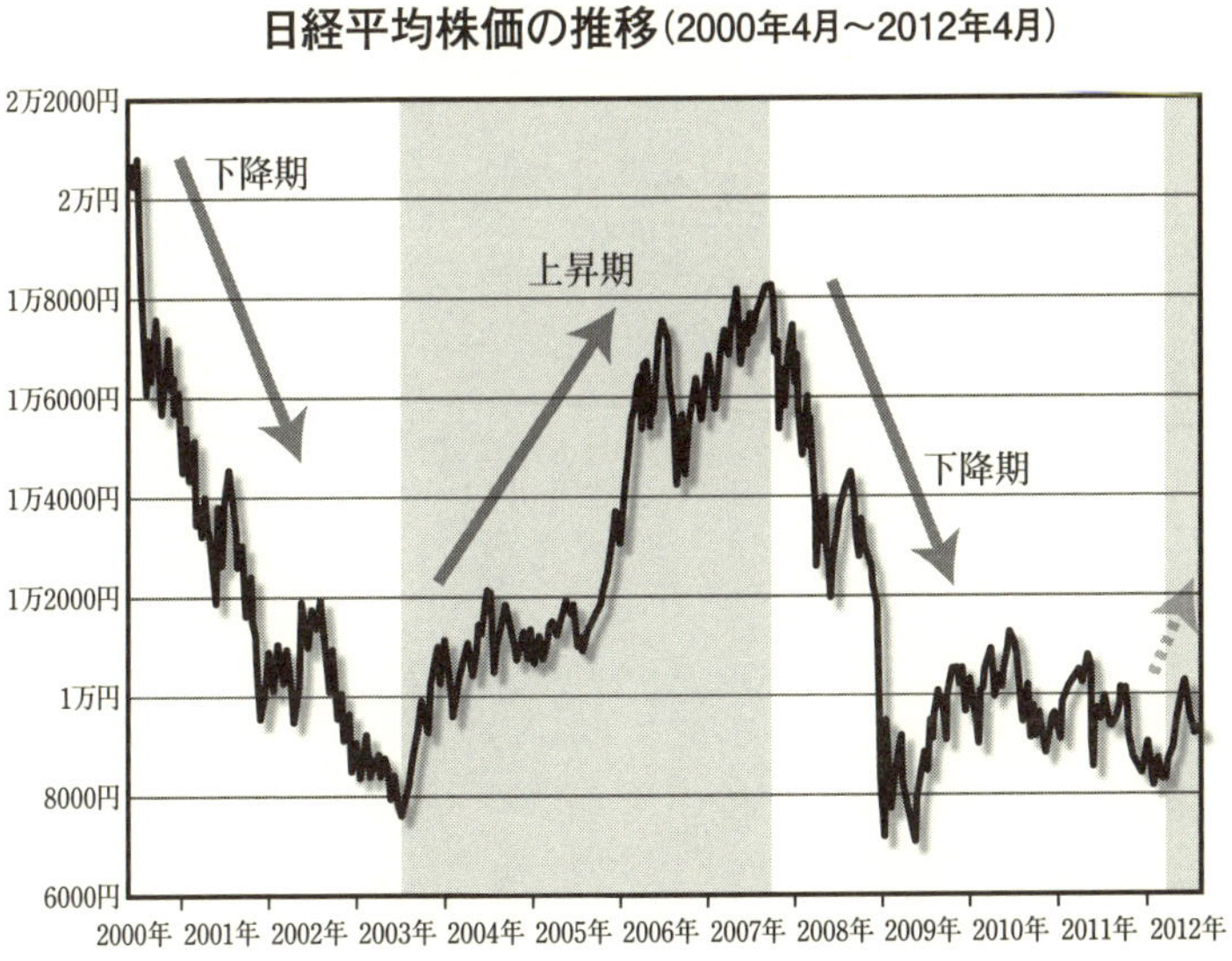

（出所：SBI ジャパンネクスト証券）

他方、米国内の雇用回復や住宅価格底入れに躍起となるFRB、そして暴落した南欧国債を買い支え、資金繰りに窮した域内金融機関に大量の資金供給を行なうECB（欧州中央銀行）の情勢を見る限り、世界中に過剰な資金があふれ、いずれはインフレが勃発しそうです。

インフレに備えるという意味においても、世界的に見て有利な条件がそろっているという意味でも、2012年は日本株への資金流入が起こってくるのではないでしょうか。

たとえば、情報誌『選択』（2012年1月号）の『高まる「日本株再評価」の機運「買い」に群がるヘッジファンド』という記事では、日本株の魅力について下記の通り述べられています。

「有名なタイ在住でスイス出身の株式投資名人マーク・ファーバー氏（中略）が指摘する『買う理由』はこうだ。

①二十年以上の長期低迷で〇三年、〇八年、一一年と三回株安だったが、底値はみえた

②割安。とくに株価純資産倍率が一倍以下と世界で最も低い

③米国も欧州も「日本化」で不況とデフレが長期化する。日本はもう経験済みなど。ファーバー氏は『政治的不安定や高齢化は確かに深刻な問題だが、グローバルな強みを持っている日本企業は必ず再評価される』と断言する」

欧州危機の打撃が少なく、震災特需による増益を織り込んでいない日本株はまだまだ割安というのが、日本株高の根拠になっています。

２００８年９月のリーマン・ショック以後、私が会長を務めるＳＢＩ証券も大変厳しい事業環境の中で、いろいろな知恵を絞りながら収益源の多様化を図り、さまざまな形での収益確保に努めてきました。

２０１２年、特に後半については比較的労せずして利益を出していけるのではないかというふうに思っています。

新興国株バブルが起こる可能性も高い

新興国投資についても、アセット（資産）の値段が非常に下がったということだけではなく、円が強くなっている今は絶好の投資タイミングです。

私は、米国でインターネット関連企業が雨後の筍《たけのこ》のように出てきた1994～1995年頃始まったドットコム・バブル期の終わり頃に多額の資金を集め、バブル崩壊後に安価で投資を実行し、大変なパフォーマンスを上げた経験があります。

このバブル期におけるインターネット企業は、売り上げや利益といったものがほとんどなくとも、コンセプトIPO（新規株式公開）、すなわちビジネスモデルのコンセプトのみで公開をし、それに対して異常な値が付くというようなきわめておかしな状況でした。

そうした異常なバブルは当然破裂することになるわけで、米国のナスダック総合指数で見ると、2000年3月10日の5048・62をピークに急落していくことになりました。

そんな折、2000年頃に私は1500億円を集めることを決心し、インターネット関連だけに投資をするインターネット・ファンドを創設しました。

これに関して、かつての野村證券の同僚は、

「北尾君、投資の世界、しかもプライベートエクイティ（未公開株）に投資をするようなビジネスというのは千三《せんみ》つの世界（1000件に3件程度しか成功しないような世

界）なのだから、一つのインダストリーだけにそれだけの資金を投じれば損をするのは目に見えている。そんな馬鹿なことはやめておいたほうがいい」

と話していました。

その結果がどうであったかといえば、我々は創業後8年目にして日本一のベンチャーキャピタルになり、片や野村系列のジャフコはリーマン・ショック後に赤字が2年間も続いたのです。

なぜ両社のパフォーマンスにこれほど圧倒的な差がついたのかといえば、答えは非常に簡単で、投資対象が時代の潮流に乗っていたかどうかということに尽きるのです。

我々の投資対象はインターネットという時代の潮流に乗っていましたが、同業他社は中国の競合企業にその競争優位性を奪われていくような産業に投資をしていたというだけのことです。あらゆる業界で時代の潮流に乗れない会社は衰退していくしかないのです。

2012年においては、1990年代半ばに米国で起こったドットコム・バブルのような株価急騰が、投資対象のアジア諸国において起きるのではないかというふうに期待を寄せています。

2012年の金価格上昇は期待薄

2011年8月に1トロイオンス＝1904ドルの史上最高値をつけた金（ゴールド）についてはどうでしょうか。

モルガン・スタンレーの著名ストラテジストであったバイロン・ウィーン氏が毎年公表することで有名な『びっくり10大予想』では、「2012年、1トロイオンス＝1800ドルまで回復する」と予想しています。

日本経済新聞の読者アンケート『2012年に投資したい金融商品』においては、金〈ETF〈上場投資信託〉を含む〉は日本株に続き第2位でした。

しかし、長期的にではなく2012年ということであれば、私はそれほど上昇しないのではないかというふうに見ています。

欧州経済についてはやはり当面悪い状況が続いていくことになるでしょうが、その一方で中国を中心とする新興国や、実質GDP〈国内総生産〉成長率が2％程度になると予想される米国、あるいは震災復興という大義の下で多額の公的資金が「真水」として出ていく日本といった環境を考慮しますと、世界経済全体としては２０１１年に比べて少し持ち上がるような状況になってくるでしょう。

そうした中で金をはじめさまざまなコモディティ価格の上昇が見られはしますが、それほど爆発的に上がるというようなことは２０１２年中には起こらず、金も株も両方とも大幅上昇するといったことにはならないのではないでしょうか。

要するにお金というのは一つのところにまずはどんどんシフトしていくものであって、今は金などで利食い売りが起こり、株に流入してくるという局面といえます。やはりエクイティ志向が世界中で発現してくるのではないでしょうか。

株価と金価格の相関関係を歴史的に調査したわけではありませんが、約40年間にわたり株式市場、債券市場、金利市場など世界中のマーケットを見続けてきた経験からいえば、上述したような動きをするのではないかというふうに感覚的に思っています。

論点11

日本市場は改革を迫られている

東証の株式売買代金比5～6%に達したPTS

日本でも「ＰＴＳ」というものが大きな市場として育ってきており、２０１０年に私が予想した通り、２０１１年は「ＰＴＳ元年」と呼べるような状況でした。ＰＴＳとは、証券取引所を介さずに株式を売買することのできる、証券会社が開設した私設の電子取引システムです。

２０１２年４月時点で、日本におけるＰＴＳのシェアは、「ジャパンネクストＰＴＳ」（ＳＢＩジャパンネクスト証券が運営するＰＴＳ）と「Chi-X ＪＡＰＡＮＰＴＳ」

図 20 PTS取引の拡大

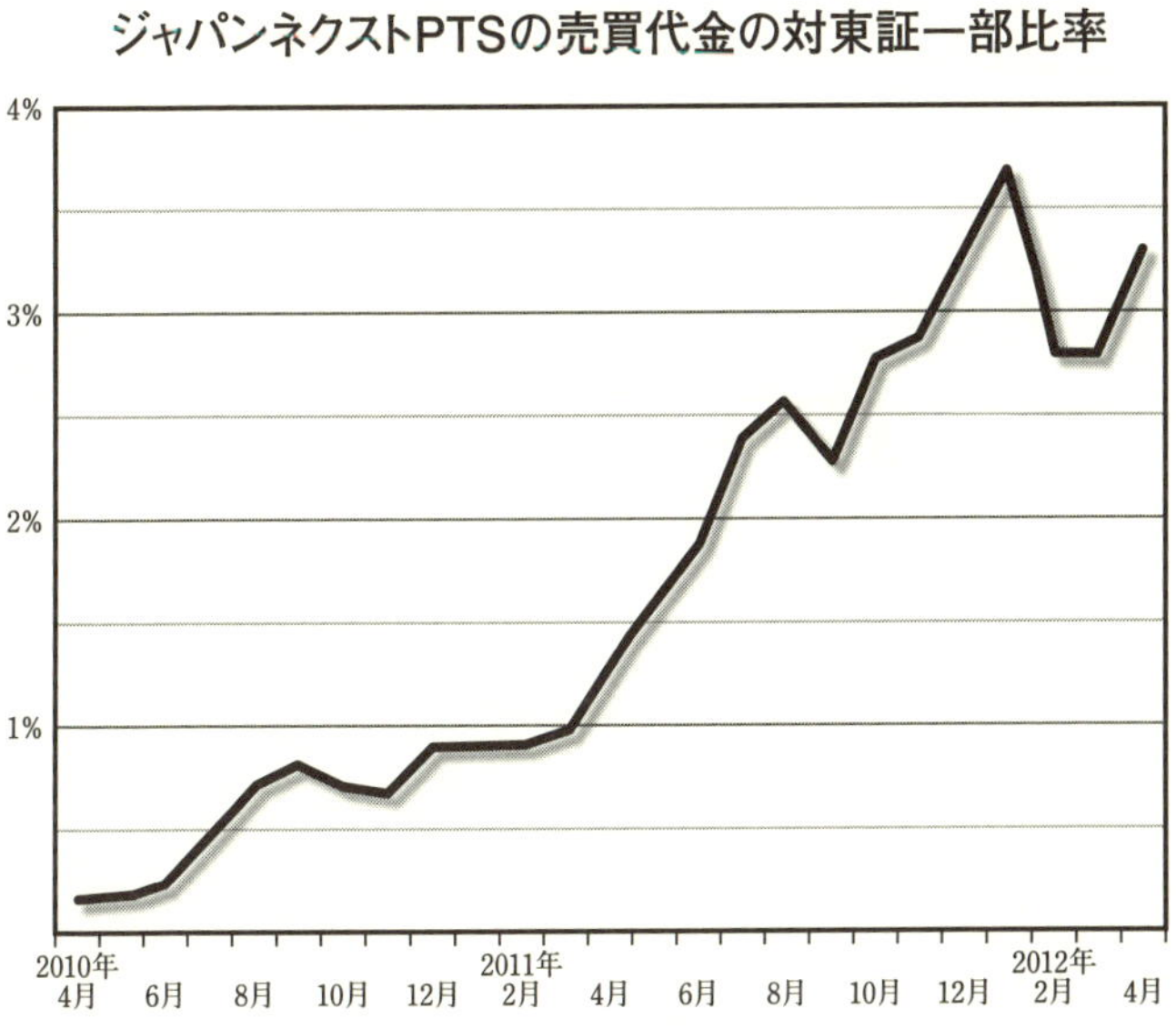

（出所：SBI ジャパンネクスト証券）

（チャイエックス・ジャパンが運営するＰＴＳ）が合計で約95％を占めているのですが、すでに東京証券取引所（以下、東証）比でそれぞれ２〜３％程度のシェアを持っており、２社合計で５〜６％程度に達しています（175ページの**図20**参照）。

私どものジャパンネクストＰＴＳは２０１１年12月に大阪証券取引所（以下、大証）一部・二部の売買代金を上回り、日本第２位のマーケットになっています。

ＰＴＳは、東証などの取引所よりも呼び値が小刻みに設定されており、投資家が最も有利な価格で株式を売買できるメリットがあります。

どの市場で取引すれば最も有利かをシステムが瞬時に判断し選択して、自動的に売買する「最良執行」については、日本では２００５年に義務付けられ、金融商品取引法の第40条の２に規定が設けられています。しかし、実際にはいまだに定着していません。

このような状況はまさに異様というほかなく、投資家保護の観点に立つならば、最良執行を行なわなくても許される現在の仕組みは直ちに改変されなくてはなりません。

最良執行が徹底されれば、取引所より呼び値が小さいＰＴＳは投資家にとって非常に利便性の高いサービスであることが明確になります。

欧米では最良執行を行なわなければ投資家保護の観点から当局に罰せられるのが当たり前で、なぜ日本ではいまだに投資家が不利益を被るような状況になっているのか私には理解できません。

これは即刻改めるべき問題であり、投資家がより有利な株式の売買執行を行なえる市場で取引できるようにすることを証券会社の責務として負わせるべきでしょう。

PTS普及を阻む「5%ルール」「10%ルール」の壁

PTSの拡大を抑える要因が制度的に存在しており、とりわけ「5%ルール」と「10%ルール」は何とか変えていかねばなりません。

「5%ルール」とは、投資家が証券取引所外で株主11人以上との取引を通じ、株式5%超を取得する場合、日本ではTOB（株式公開買い付け）の実施が義務付けられていることを指しています。

しかし、東証など取引所から買い付けられた株式に関してはTOBの義務がなく、取引所外での売買のほうが不利になっています。

取引所にとってあまりに有利なこのルールは撤廃すべきですし、そもそもＰＴＳを〝取引所外〟として定義すること自体がまったくナンセンスです。

また、ＰＴＳの運営において、取引量が国内取引所の全売買代金の10％を超えてはならないという「10％ルール」についても、過去の遺物ともいえる理解不能な制度で即刻廃止すべきでしょう。

上場審査を筆頭にさまざまな審査上のコストがかかる中、取引所はそれを負担しＰＴＳは負担しないというのはおかしいのでは、というのが10％ルールの根拠になっています。

それについては私も理解できますが、なぜ10％なのかという問題は残ります。10％という数字はコストの精緻なデータにより算出されたものではないでしょうから、「なぜ10％なのか」「どうして20％ではいけないのか」といったことは問われるべきです。

さらには「ある意味、独占禁止法上の違反とも思われるような取引所の合併が行なわれた場合、なぜその10％ルールは維持されなければならないのか」といったことについても、法的な問題として横たわっているのではないかというように思っています。

時代遅れの規制を超えた「イコール・フッティング」の発想

このように日本では時代遅れの規制がいまだに敷かれています。規制当局に変革の必要性を訴え続けて改善させるという努力をしていかない限り絶対に変わることはありえませんから、私は今後も提唱し続けて変革を促していこうと思っています。

これまでの金融制度改革への取り組みによりもたらされた成果の中から2点だけご紹介します。

①日本証券クリアリング機構がＰＴＳにおいて成立する有価証券の売買の債務引き受けを２０１０年７月にようやく開始したこと。

②私が「イコール・フッティング」（競争を行なう際の諸条件を平等にすること）として主張してきた、ＦＸ（外国為替証拠金取引）における「くりっく３６５」など取引所取引と店頭取引（取引所を介さない、投資家と金融機関の相対取引）の税制一本化が

2012年1月に実現したこと。

②に関してはPTSに直接関係するものではありませんが、同じFXの取引をしているにもかかわらず、取引所取引に関わる所得であれば20％の申告分離課税が適用され、店頭取引に関わる所得では総合課税が適用されるという従来の税制はあまりにも馬鹿げているということです。

さらに言えば、たとえば大証は民間企業としてすでに公開しているわけで、取引所取引を〝公的〟なものであるかのように扱い、店頭取引との間に差異を設けるということ自体がおかしいのです。

このような意味において私はこれまでずっと「イコール・フッティング」ということを主張してきたのですが、結果として前述したような改善がなされたことは大いに喜ばしいことであると思っています。

以上のように多くの規制の弊害に対する変革が実現されるならば、東証のシェアというのは一挙に奪われていくことになるでしょう。PTSの動きがもたらす東証への影響度合いは拡大しており、東証が窮地に追い込まれることになっていくのは時間の問題ともいえるのです。

東証・大証統合は日本株の魅力増につながらない

米国の証券取引所の歴史を見ますと、NYSE（ニューヨーク証券取引所）は2006年にECN（米国の私設取引システム）大手の「Archipelago Holdings」を買収し、NASDAQも2005年にECN大手の「Instinet Group」を買収しました。日本においても次のステージとしてPTSを巻き込んだ業界再編というシナリオも見えてきています。

そんな中、昨今の世界的な業界再編の動きに焦りを感じたのか、東証と大証は2013年1月に経営統合することを発表しました。

これにより、統合後の新会社に上場する企業の株式時価総額が3兆6000億ドル（約300兆円）と、ロンドン証券取引所を抜きNYSEユーロネクスト、ナスダックOMXに次ぐ世界第3位の規模となる「日本取引所」が誕生することになりました。

しかし、両社の統合により世界第3位になったからといっても、本質的にはほとんど意味をなさないことであると私は捉えています。

日本という国における上場企業がより魅力あるものとなり、世界の投資家が注目するようにならないとお話になりませんし、日本のマーケットが非常にアクティブになり資金調達市場として魅力あるものにならないと世界を引きつけられないのです。

2010年にはMBO（経営陣による買収）によって10社が上場廃止となり、日本でMBOが本格化した2005年以降で計64社が市場を去りました。その理由は端的に言えば、現在の日本のマーケットに魅力がないからなのです。

世界の投資家を引きつける業界再編が必要

日本のマーケットは、高い業績を上げても株価が上がっていかないという状況であるほか、日経225採用銘柄か否かによる株価への甚大な影響や、そもそも日経225銘柄の「選定基準」なるものの問題点など、まったくと言っていいほどナンセンスなものとなっています。

また、日本のマーケットは最先端のシステム投資を行ない、最先端のファシリティ（設備）を実装しなければ世界から相手にされることはありません。

東証は2010年1月、ミリ秒（1000分の1秒）単位の売買が可能な新システムをようやく導入しました。しかし、2005年11月に大規模なシステム障害を起こしたこと、あるいは同年12月のジェイコム株大量誤発注事件の一因も、東証システムの不具合にありました。2012年2月2日には、再びサーバーの不具合で241銘柄が取引停止になるシステム障害が起こったばかりです。

このように、東証は世界標準から何周も遅れたシステムによる問題をこれまで枚挙にいとまがないほど起こしており、緊張感のない経営が行なわれてきたということが事実としてあるわけです。

そうした基本的な部分がいかに改善されていくのかが最も大事なことであり、商品面から考えてみてもデリバティブ（金融派生商品）やETF（上場投資信託）等々、どんどん新しい金融商品が日本のマーケットで上場していくということでなければ、世界から注目されることはないのです。いくら世界第3位の規模となる取引所が設立されても、規模自体にはほとんど意味がありません。

先にも述べましたが、東証と大証は2013年1月に「日本取引所グループ」を統合持ち株会社としてつくり、経営統合を行なうと発表しました。この統合の最大の狙いは、巨額のシステム投資の負担を軽減することにあるらしいです。

しかし、大事なのは、それによって節約した資金を世界のトップクラスの取引所と比較して効率上負けないよう新規システム投資につぎ込むことです。そうでなければ統合の意義はあまりないでしょう。

東証・大証の経営統合のみならず、今後も大きな取引所の再編が起こってくるだろうと私は見ています。次の再編はPTSを巻き込んだものになるのではないでしょうか。今度は日本勢だけでの再編にならないかもしれません。グローバルな競争の波にさらされたほうが日本の取引所も進化できるのです。

論点12 世界の中で生きる日本がなすべきこと

20世紀と21世紀を分けたのはリーマン・ショック

本書ではここまで日本の論点、世界の論点、そして2012年の論点として、さまざまな経済テーマを取り上げてきましたが、今、何よりも重要なことは、少し大きな視点で〝21世紀〟というものを俯瞰《ふかん》することではないでしょうか。

21世紀になって一番議論しなければならないことは何なのかということであり、

たとえば「日本はこの変わりゆく世界においてどうすべきか」とか、あるいは「日本民族として21世紀に何をなすべきか」といったことに焦点を当てる必要があります。

その観点からまず20世紀と21世紀の分岐点について述べますと、両世紀を峻別《しゅんべつ》することになった象徴的な出来事こそ2008年9月のリーマン・ショックでした。

現在、世界が直面しているもろもろの問題の根底には常にリーマン・ショックが影を落としています。それゆえ、20世紀型の世界がリーマン・ショック以後どう変貌を遂げてきたのかについて、今こそ考えてみるべきです。

最大の変化として考えられるのは、米国の政治・経済・軍事に対する相対的な力が著しく低下し、その結果としてドルの信認が低下し、「ドルを基軸通貨とする〝パックス・アメリカーナ（米国の覇権がもたらす平和）〟の終焉に向けた序章の始まり」と定義されるようなことが起こっているのです。

今も世界的なニュースになっている欧州経済危機や通貨安競争といった出来事も、まさにリーマン・ショックから欧米が痛撃を受けたことから派生してくる、ある意味で当然の帰結ともいえるわけです。

そして、米国の凋落《ちょうらく》と裏腹にあるのが新興国の躍進で、中国を筆頭とする相対的に新興国といわれるような国の興隆が促されているのです。

世界はG8（主要8カ国）からG20（主要20カ国・地域）へと多極化し、言い方を変えれば、米国一極集中という時代はすでに終焉を迎えたということです。

今後はますます新興国、とりわけBRICsと呼ばれる国々（ブラジル、ロシア、インド、中国）の力というものがグローバルに見て相対的に強くなってくるという趨勢があります。それこそが現時点で見えてきた21世紀の一つの際立った特徴であると私は認識しています。

最大の趨勢は中国など新興国の台頭にある

中国はリーマン・ショック直後、4兆元の景気対策などのさまざまな政策を矢継ぎ早に打ち出すことで内需拡大に力を入れてきました。それにより年率10％前後の高成長を維持してますます自信を深め、世界におけるプレゼンスを向上させました。

BRICs、とりわけ中国の台頭というものが生じる一方で、その対立関係として米国の相対的地位の低下が起こっており、それを象徴するのがドルの下落やドルへの信認低下です。

20世紀から21世紀に入り、時とともに米国一極集中支配の世界から多極化した世界へ移っていきつつありますが、リーマン・ショックは、いわば20世紀体制の終焉、私が表現するとすれば、徐々に進行していた「パックス・アメリカーナの終焉」「ドル基軸通貨体制の終焉」、そして「G8の終焉」を一気に顕在化させた象徴的な出来事でした。

したがって、まずはこのような観点からの議論を前面に打ち出していくべきであり、個別の時事テーマについてはその文脈の中で議論を進めるべきではないかというように私は思っています。

一例として毎年1月末にスイスで開催されるダボス会議についていえば、私はダボス会議のメンバーとして、そこでどのような議論を行なうべきかを話し合う日本での会議に参加しました。

その場においてもこれまで述べたような「20世紀とは大きく質的転換しつつある21世紀というものに関する議論を展開することこそがダボス会議の役割である」というように主張してきたというわけです。

21世紀の特性は多極化、価値観の多様化

21世紀の特性とはいったい何なのかを考えますと、「多極化」に加えて「価値観の多様化」が挙げられるでしょう。

いってみれば21世紀というのは、西洋一辺倒の価値観が支配する世界から非常に多様化した価値観が混在する世界に移っていく世紀になると私は思っています。

その多様化した価値観の中には、中国的なものやインド的なもの、あるいはイスラミック（イスラム教）の価値観やブラジルの価値観などなど、種々雑多なものがあるでしょう。

また、あらゆる情報が世界中を駆けめぐるグローバリズムの時代において、その情報を誰がいち早く手に入れ、そしてその情報を誰がどのように分析して行動するのかによって勝敗が決するのも21世紀の特性なのです。

さらには、金融政策一つを考えてみても、今や一国だけではなく世界的な協調体制の下で、各国がどのような政策を実施すべきかを議論しなければならない時代に変わってきています。

そのような意味では、西洋の知の巨人である故ピーター・ドラッカーなども指摘したように、あらゆることが国境を超える「トランスナショナル」な関係が21世紀の特徴になってきているのです。

西洋文明の考え方は限界に近づいている

以上のように、21世紀の特性は主に2つ、一つは「米国一極集中支配の世界から多極化した世界への移行」であり、もう一つは「西洋一辺倒の価値観が支配する世界から、非常に多様化した価値観が混在する世界への移行」にあります。

これら21世紀の特性の背景にあるのは、「西洋文明の限界」であるといえるでしょう。

これまで人類は特に西洋文明の影響により、自然をコントロールするという立場や機械文明を最優先するという立場に立って、「生産力の増強」、あるいは「所得水準の向上」というようなことばかりを追求するようになってきました。

今日、たとえば地球温暖化、あるいは森林伐採による生物多様性の破壊といったことが世界的問題となっているわけですが、それはある面で西洋文明の考え方を推し進めた結果として起こってきたものといえます。

20世紀型ともいうべき欧米を中心とした西洋文明は、物事を全体として把握するのではなく部分的に取り出し、しかもその部分だけをさらに細分化して非常に限られたところだけを極めていくというような世界であり、統一的・統合的に物事を捉える東洋の世界とはまったく違ったものです。

そのような西洋文明が人類における支配的趨勢となっていく中で、ついには「木を見て森を見ず」の世界になっていってしまったわけです。

たとえば医学について述べますと、現代医学というものは西洋医学の中であまりにも要素還元的になっており、目が悪くなったといえば眼科に行き、胃が痛くなったといえば胃腸科に行くというような具合ですが、そもそも身体というものは全体として一つのバランス、平衡を維持して動いています。

そのような全体としてのバランスを捨て去ってしまうような形で現代西洋医学があり、私は本当にそれでよいのだろうかと思い始めています。

さらにいうなら、医師はむやみやたらに薬を処方するわけですが、薬はある意味では自然であるべき身体にとって有害な物質でもあります。

我々が暮らしている地球もさまざまな調和と平衡の中で、生きとし生けるものの生命を育んでいます。ところが、中国やその他の新興諸国の急速な経済発展の結果、そうした調和が崩れ、CO_2（二酸化炭素）が増加して地球の温暖化につながっています。

西洋文明のすべてが、もはや限界点に到達しているのではないかと私は認識しています。

日本はナショナル・アイデンティティを確立すべし

西洋文明の限界と中国やインドをはじめとした新興諸国の台頭が続く中、トランスナショナルな時代において大切なのは、日本人としてのナショナル・アイデンティティを明確に持つことだと思います。

いかにトランスナショナルな時代とはいえ、日本人であることを捨てて、無国籍で生きることは断じてできません。

政府が日本国の将来について、国家としてのビジョンを百年の計として、しっかり掲げることも重要でしょう。

「愚者は経験に学び、賢者は歴史に学ぶ」という言葉もあるように、日本人という民族がいったいどのような歴史を持ち、いかなる国益の下で動き、過去にどういう成功や失敗をしてきたのか、歴史に学ぶ必要があると思います。

私自身、『日本精神の研究』を著した東洋思想の大家・安岡正篤《まさひろ》先生、早くから東西文化の融合を目指し全一学《ぜんいつがく》を提唱した哲学者・教育者の森信三先生といった日本の過去の碩学《せきがく》に学ぶことが非常に多いのです。

安岡正篤先生は日本人や日本文化の特質を、「国際化と国粋化の時代の交替を通じて、在来文化の融合・調和を進める中で優れた民族文化・日本文明を形成してきた」と述べられ、和魂漢才、和魂洋才の精神こそが日本人の特質だと述べられています。

歴史を振り返れば、漢文読み下しやかな文字、さらに明治維新以降の旺盛な西洋文化の摂取など、日本人ほど迅速かつ巧妙に外来文化を取り入れて受容・変容することに長《た》けた民族はなかったといえます。

日本には急速なグローバル化の波が押し寄せていますが、だからといって、日本人としての特質を捨て去り、中途半端な人間になればいいということではありません。先にも述べましたが、世界の中で、それぞれの民族がその民族的な特質を生かして、この地球を運営していきましょうというのがグローバリズムです。グローバルな時代だからこそ、日本人としてのナショナル・アイデンティティをもう一度見直し、新たにつくり上げる必要性があるのです。

西洋文明の限界と東洋文化への回帰ということでいえば、森信三先生は『森信三全集続編第五巻』の中で次のように述べられています。

「『無我』を根底におく東洋文化の根本性格は、自己否定、ないしは自己抑制を原理とするものといってよいでしょう。したがって問題は端的に申せば、自然科学を中心とする西洋文明が、今やその拡大化の極限に達したために、その抑止の原理を、『無我』を基本とする東洋文化への回帰によって、発見するほかないところまで来たといってよいでしょう」

西洋文明のある種の限界が明瞭となってくる中、先に述べたような特性を帯びる21世紀という時代において、日本人はいったいどのように生きていくべきなのでしょうか。

これについて私は、拙著『安岡正篤ノート』（致知出版社）において、以下のように述べました。

「人に人命があるように、国には国命があると私は思います。国命とは、その国の中にいる国民が総体として受けている命であって、それは日本人なら日本人の歴史と伝統の中に語られているはずのものです。それをベースにしながら、日本人の特質をわきまえて、今、世界のために何ができるのかを考えていくべきだと思うのです」

日本民族の特性は融合・調和にある

ここでさらにさかのぼって、歴史を振り返りますと、日本は昔から外来文化を積極的に受容する国際化の時代（飛鳥・白鳳・天平の唐風文化の時代など）と、受容した外来文化を在来の文化と融合し変容する国粋化の時代（平安時代の国風文化など）を繰り返してきました。

その中で外来文化と在来文化の融合・調和を進め、優れた民族文化・日本文明を形成してきました。これこそが日本民族の特性です。

そのような歴史を持つ日本民族の使命について、森信三先生は『森信三全集続編第四巻』の中で次のように述べられています。

「われらの民族の使命はいかなるものと言うべきであろうか。それは端的には、人類がその遥かなる未来において、何時かは成就するであろうところの、東西文化の融合という究竟目標に対して、ひとつの縮図を提供すること、少なくともそのためにひとつの『架橋』になることこそ、われらの民族に課せられた、おそらくは唯一にして、かつ最大の使命と言うべきであろう」

日本人は、東西文化を融合することを世界で最も上手にやってきた民族といえます。そうした歴史を持つからこそ、日本民族は東西文化融合の「縮図」を提供することができると森信三先生は唱え、東西文化の「架橋」になることを日本人の唯一最大の使命にすべきであるといわれているのです。

東洋と西洋をつなぐ架け橋になろう

これまでもそうであったように特にこの21世紀、日本という国がアジアの将来に果たす役割というのは非常に大きく、アジアの発展のために日本がどう貢献していくのかについてもTPP（環太平洋経済連携協定）の枠組みの中でよく考慮される必要があります。

この21世紀について、多くの知識人は東洋と西洋のある意味での文明の衝突が起きる時代というように位置付けられるとしています。

そうした東西対立の世紀における日本の役割が何かについては、2011年2月に致知出版社から上梓した拙著『森信三に学ぶ人間力』のまえがきにて、ピーター・ドラッカーの言葉を借りて次のように述べました。

「ドラッカーは、その著書『ドラッカーの遺言』（講談社）のなかで新しい秩序へと向かう混迷した世界のなかで、『史上稀に見る西洋化に成功した日本』は、その『舵取りを果たしていく責任を背負っている』としています。さらに次のようにも言っています」

「アジアとアメリカを結ぶ橋になる――この難しい課題も、日本ならばうまくやり遂げることができるのではないか、私の中には楽観とも言える思いがあります」

「日本が獲得してきた国際社会でのポジションを上手に活用していくことが成否を

分ける要因となるでしょう。西洋中心主義から、西洋と東洋のバランスを上手に取る方向へと、うまくシフトしてほしいと願うばかりです」

日本という国はアジアと米国、東洋と西洋の架け橋となって、その期待された役割を存分に果たすべく、きちんとリーダーシップを発揮していかねばなりません。

今後の日本のあり方を具体的に議論していくためには、そのような日本人の特質や使命を土台にして考えていくべきだと私は思っています。

おわりに

こうして書き終え、一読すると今さらながら日本を含めて世界中に種々の経済的問題が山積しているなという感を抱きます。それらの問題がグローバル資本主義経済体制の中で絡み合い、ときには互いに増幅し世界経済にとって重大な結果をもたらすことになります。

我々今を生きるものにとってグローバル資本主義経済体制は、ＢＲＩＣｓ諸国をはじめ世界中の多くの国に富と豊かさをもたらしましたが、片方で地球温暖化や資源・食料価格の高騰といった問題を引き起こしています。どうも我々の世界では、化学におけるルシャトリエの原理（平衡移動の原理）と同様にあらゆることに平衡の理《ことわり》が働いているようです。

つまり、何かでプラスがあれば別のことでマイナスを生じるということです。もちろん時間差はあるかもしれません。人類は昔からこうした理があることを認識してきました。

　ある者は起こりうる問題を未然に防ごうとし、またある者は起こってからいかに問題の拡大を防ぎ、被害を最小限に抑えるかで知恵を絞ってきました。言うまでもなく大切なことですが、我々凡人にはきわめて難しいことです。

　では我々はどうすれば世界人類のさらなる進歩に貢献できるのでしょうか。その貢献のためには我々自らが、今起きている経済的諸問題に関心を持ち、勉強し、そして政治家の言に耳を傾け、各政党の主張とその主張を踏まえた実際の行動をよく見ることが必要です。そのうえで来るべき選挙を通じて審判を下すのです。

　こうして民主主義国家では基本的な手順を踏まえて我々の意思を反映させるわけですが、国民の選択がおおむね正しい判断でなければ、いわゆる衆愚政治に陥ります。それを避けるためにも、我々は我々の分析力や判断力を磨かねばなりません。

では、どうすれば物の見方・考え方を涵養できるのでしょうか。そのための私流の修養をご参考までに最後に述べておきましょう。

第一は、自分を常に主体的な立場に置くということです。たとえば、自分が総理大臣なら一連の原発問題にどう対処するかといったことを自問自答するのです。もちろん、そのためにできる範囲で新聞や雑誌などの関連記事を勉強することが必要になるでしょう。

第二は、鎌倉時代の禅僧・虎《こ》関《かん》禅《ぜん》師《し》が「古教照心　心照古教」(古教　心を照らし、心　古教を照らす)といわれているように、読書というのはそうかそうかと本から始終受ける読み方ではダメなのです。これはいってみれば受け身の読書です。

そうではなく、自分が主体的になって、積極的に考究しながら読書するというようにならなければ、書物から得た知識は死んだものになると思います。私は、生きた知識のみ真に我々の人生に役立つものになると思います。

そして、前記したことはどちらもある意味主体的に生きるということをいっているのです。日々の生活の中で、また人物をつくるうえで非常に重要な役割を果たす読書という場面で、主体性というものが非常に大切だということです。

臨済宗の開祖である臨済義玄《ぎげん》禅師が「随所に主となれば立処《りっしょ》皆真なり」といわれています。どこにいても、またどんなときにでも、主体性を持って行動し力の限りを尽くすなら、世の中の流れに巻き込まれたり、翻弄されたりすることもなく、自由な心境になれるのです。私もそれを信じて日夜研鑽《けんさん》しています。

最後までお読みいただき、ありがとうございました。

2012年6月

北尾吉孝

北尾吉孝
きたお・よしたか

1951年、兵庫県生まれ。74年、慶應義塾大学経済学部卒業。同年、野村證券入社。78年、英国ケンブリッジ大学経済学部卒業。89年、ワッサースタイン・ペレラ・インターナショナル社（ロンドン）常務取締役。91年、野村企業情報取締役。92年、野村證券事業法人三部長。95年、孫正義氏の招聘によりソフトバンク入社、常務取締役に就任。現在、新産業育成に向けた投資事業や証券・銀行・保険などの金融サービス事業、バイオ関連事業などを幅広く展開する総合金融グループ、SBIホールディングスを設立し、代表取締役執行役員CEOを務める。公益財団法人SBI子ども希望財団理事およびSBI大学院大学の学長も兼務。Facebookにてブログを執筆中。『君子を目指せ小人になるな』『何のために働くのか』『安岡正篤ノート』『森信三に学ぶ人間力』『ビジネスに活かす「論語」』（以上、致知出版社）『日本人の底力』（PHP研究所）『逆境を生き抜く名経営者、先哲の箴言』（朝日新聞出版）など著書多数。

日本経済に追い風が吹いている

平成24年6月23日　第1刷発行

著　者 ——— 北尾吉孝
発行者 ——— 皆川豪志
発行所 ——— 株式会社産経新聞出版
〒100-8077　東京都千代田区大手町1-7-2　産経新聞社8階
電話：03-3242-9930　FAX：03-3243-0573
発　売 ——— 日本工業新聞社
電話：03-3243-0571（書籍営業）
印刷・製本 —— 株式会社シナノ

　ISBN 978-4-8191-1166-9　C0033